Zauberlehrling und Flüchtlingskrise

Kommentare eines Gutbürgers zur aktuellen Politik von Mai 2016 bis November 2016

von Dieter Rakete

Vorwort

Dieses Werk „Zauberlehrling und Flüchtlingskrise" ist die Fortschreibung meiner bereits vorhandenen Paperbooks:
„Links geht´s zum Paradies" (ISBN 9783741226304),
„Flüchtlinge, Migranten, Mutter Merkel" (ISBN 9783739243832),
und meiner ebooks:
„Das Haar in der Suppe",
„Die andere Meinung" und
„Der Islam gehört zu Deutschland ... und anderer Quatsch".

Gegenwärtig tobt in Europa eine Entscheidungsschlacht zwischen Links und Rechts mit unterschiedlichen Fronten und Frontbegradigungen. Zu diesem Problem finden Sie in meinem neuen Buch schwerpunktmäßig interessante Informationen.
Ich will durch meine Kritik die Politik nicht delegitimieren, sondern sehe mich eher als „Fünfte Gewalt" zusammen mit anderen. Und Karl Kraus trägt auch weiterhin zur Legitimation meiner Kritik bei durch sein Statement: „Ich kann zwar keine Eier legen, aber ich merke, wenn sie faul sind". Auch Iuvenals (altrömischer Dichter im 1.Jahrhundert) Erkenntnis „Es ist schwer, eine Satire nicht zu schreiben" sind einige satirische Kommentare verpflichtet.

Inhalt

Vorwort	3
Merkel	5
Flüchtlinge und Migranten	13
Islam	18
AfD und Rechtsruck	39
Political Correctness	56
Populismus	65
Die Grünen	68
Bildung und Schule	70
Europa	73
Syrien und Irak	82
Trump USA	86
Irrsinn	90
Twittersammlung	93

Merkel

Die richtige Seite der Geschichte

01.05.2016

Jede Grenzschließung in Europa war nach Meinung von Politikern und Journalisten „dramatisch", „die Konsequenzen unabsehbar", „die Folgen für die Wirtschaft katastrophal".
Waren die Prognosen richtig?
Merkels „ursprüngliche" Flüchtlingspolitik wird immer noch verteidigt von Persönlichkeiten aus der zweiten Reihe, wie z.B. von Laschet und Altmaier.
Dagegen sprechen sich Schwergewichte aus, wie Safranski, Sloterdijk, Stefan Aust, Udo di Fabio und viele andere VIPs.
Und auch fundierte Islamkritik (von Voltaire bis Salman Rushdie und Abdel-Samad) vermisst man von Seiten der Regierung.
Dagegen wird ein Vielredner wie Aiman Mazyek, der mit seinem „Zentralrat der Muslime" nur ein Prozent dieser Glaubensrichtung vertritt, überproportional häufig in den Medien zitiert.
Wer steht nun auf der richtigen Seite der Geschichte? Das wird sich zeigen.

Merkel widerspricht

04.05.2016

Sachsen-Anhalts Ministerpräsident und studierter Physiker Reiner Haseloff glaubt, dass die „CDU...den rechten demokratischen Rand" braucht.
Auch Wolfgang Bosbach erklärt die bisherige Strategie, die AfD „zu ignorieren und stigmatisieren", für gescheitert.

Doch sie nun wieder! – Angela Merkel - lehnt diesen Kurswechsel an, konservative Wählerschichten für die CDU zurückzugewinnen. Es ist doch interessant, zu welchen unterschiedlichen Einschätzungen Physiker kommen können!

Merkel zeigt sich desweiteren empört über manche EU-Länder, die Muslime ausgrenzen. Das widerspreche den europäischen Werten und der Religionsfreiheit.

Also - ich bin dafür, dass Gewalt-bereite Salafisten, Dschihadisten und potenzielle Terroristen „ausgegrenzt" werden, dass der Staat den sehr zahlreichen Muslimen, die in Meinungsumfragen ganz andere Werte als Europa vertreten, „Grenzen" aufzeigt, und dass die Frage, was zur Religionsfreiheit zählt, nicht von Merkel beantwortet werden darf, sondern von Gerichten.

Ich war seit 1983 Mitglied der CDU. Jetzt bin ich ausgetreten.

Tolerant oder gleichgültig?

05.05.2016

Die Deutschen sind im Durchschnitt ein sehr tolerantes Volk, bisweilen gleichgültig. Denn sie ertragen mit einer bewundernswerten Engelsgeduld die unglaublichsten Entscheidungen ihrer „epochalen" Kanzlerin, Angela Dorothea Merkel, geb. Kasner.

Merkel will das Beste

07.05.2016

Bei Twitter wird Merkel häufig vorgeworfen, sie betrüge, lüge, vertusche, trickse und drehe sich, wenn's nötig erscheint, um 180 Grad.
Das glaube ich nicht!
Kein Mensch will bewusst böse oder falsch entscheiden und handeln.
Selbstverständlich will sie das Beste.
Leider bleibt völlig unklar, für wen.

Merkel, aus der Sicht der anderen

08.05.2016

Wenn Bassam Tibi und Stefan Aust recht haben (WamS vom 08.05.2016), dann ist Merkel, geb. Kasner, alles andere als eine kluge Politikerin.

Links geht's zum Paradies

16.05.2016

Weil sich in linksgerichteten Parteien die philosophische Creme de la Creme versammelt, sind sie besser als rechte Parteien, wo sich der Abschaum und das Pack häuft, geeignet, unser weltliches Jammertal zum Paradies zu verwandeln.
Linke haben erkannt,
dass mit den „Flüchtlings"strömen keine Terroristen nach Europa kommen.
Für sie gäbe es andere Wege,
(Ach!)
dass wir für den deutschen Arbeitsmarkt die Hochgebildeten aus Nah-Ost bräuchten.
(Aber nur 400.000 von einer Million können sinnvoll integriert werden, mehr als 600.000 müssten eben warten),
dass die Zuwanderer ein Geschenk seien und Deutschland bunter machten.
(Claudia Roth übt schon mal das bunte Kopftuchtragen. Aber für immer mehr Deutsche wird das alles allmählich zu „bunt"),
dass Grenzen die Migrationsströme nicht abhalten können. Besonders

schwach seien nationale Grenzen, wohingegen an den Schengengrenzen noch gebastelt wird und Frontex gestärkt werden soll,
dass Kriege nicht militärisch gewonnen werden können. Das schafften Pazifisten viel besser.

Merkel ist nur einseitig gebildet

22.05.2016

Sie unterstellt ihren Gegnern in der Flüchtlingskrise eine klammheimliche Freude am möglichen Scheitern des Türkeideals. Wenn der wirklich scheitern sollte, dann wird sie Österreich für die Grenzschließung loben. Sie unterstellt desweiteren den Kritikern ihrer falschen Politik die Verantwortung für das Erstarken der AfD und verwechselt Ursache und Wirkung.

Franz Josef Strauß´ Satz, dass es rechts neben der Union keine rechte Partei geben dürfe, müsse ihrer Meinung nach neu interpretiert werden. Man dürfe nicht auf höherwertige Prinzipien verzichten (auf welche bleibt unbekannt, wahrscheinlich nicht auf Merkels individualethische Barmherzigkeit), nur um auf der rechten Seite eine neue Partei zu vermeiden.

Momentan verzichtet sie aber ganz konkret - ohne einen empörten Aufschrei - auf höherwertige Prinzipien, um ihren Türkeideal mit einem islamischen Sultan zu sichern.

PS Seehofer ist ein kluger Politiker

Zu viele kleine Erdogans

13.06.2016

In Berlin-Kreuzberg herrscht ein buntes Treiben mit vielen freundlichen und besonders auch lebensfrohen Menschen.
Wenn allerdings Merkel, die Grünen und andere Gutmenschen ihre grenzenlose Migrantenaufnahme fortsetzen, dann werden zu viele kleine Erdogans diese bunte Welt sehr schnell zerstören.

Immer wieder: Seehofer gegen Merkel

17.06.2016

Es wird immer wieder behauptet, dass der Streit zwischen Seehofer und Merkel der CSU und der CDU schade. Aus Statistiken kann das aber gar nicht begründet werden, denn die CSU liegt in Bayern etwa bei 47-49 Prozent. Eine Angabe, wie hoch die Werte für die CDU allein sind, ist schwer bis gar nicht zu finden. Sie wäre auch erschreckend.
Für das Chaos, was Merkel in Deutschland und Europa angerichtet hat: panikartiger Atomausstieg nach Fukushima mit irre teurer Energiewende und

jüngst ihre naiv groteske Flüchtlingspolitik, deren Konsequenzen jetzt aber klammheimlich beseitigt werden sollen, müsste Merkel eigentlich die „politische Verantwortung" übernehmen und zurücktreten. Die CDU hält sie aber, weil ihre Politik sogar Grüne und SPD begeistert und keine Alternative für eine Kanzlerwahl zu erkennen ist.
Die Beschreibung von Merkel als Mischung aus Mutter Theresa (individuelles „unpolitisches" Mitleid für Flüchtlinge) und Machiavelli (z.B. „Kohltöterin") ist nicht abwegig.

Der vernünftige Politiker

23.06.2016

Nach Ansicht eines Leitartiklers (WELT vom 22.06.2016) und meinen eigenen Zusätzen müsste ein unverbesserlicher Idealist einen vernünftigen Politiker folgendermaßen beschreiben:
Er ist jung, hat sich aus einfachen Verhältnissen nach oben gearbeitet und setzt sich in seinem Wahlkreis für eine Wählerschaft ein, die nicht zu den Gewinnern der Globalisierung gehört. Er redet Klartext, ist dafür, Flüchtlingen und Migranten zu helfen und versteht die multikulturelle Gesellschaft als Chance, nicht per se als Bedrohung. Aber „der destruktive Charakter will Platz schaffen. Wofür, weiß er nicht".
Diesem Zitat kann mit Karl Kraus geantwortet werden: „Ich kann zwar keine Eier legen, aber ich merke, wenn sie faul sind". Daher sollte man Meinungen, die mit einer unbegrenzten Zahl von Migranten unzufrieden sind, die verzweifelte Rettungsaktionen des Euro nicht für alternativlos halten und die durch schlimme Aktionen fest davon überzeugt sind, dass der Islam nicht zu Deutschland gehört, nicht in eine „destruktive" Ecke stellen.

Dann integrier mal schön, Angela!

07.07.2016

Integration der 1,2 Millionen legalen und vor allem illegalen Flüchtlinge und Migranten ist notwendig, weil „in der kriminologischen und soziologischen Forschung ...Konsens darüber besteht, dass mangelnde soziale Integration einen großen Risikofaktor für Kriminalität darstellt".
Diese Erkenntnis bleibt in Deutschland nicht nur theoretisch, sondern kann statistisch nachgewiesen werden: „Menschen aus Kriegs- und Krisenländern mit günstiger Bleibeperspektive und besseren Integrationschancen (wie viele sind das?) werden deutlich unterdurchschnittlich straffällig - im Gegensatz zu jenen mit geringer Aussicht, hierbleiben zu dürfen". (Zitate aus WELT vom 07.07.2016)
Trotz „Willkommenskultur" und „Wir-schaffen-das"-Optimismus lauert in den Ergebnissen eine große Gefahr für die Gesellschaft. Denn gegenwärtig bleibt für die Zuwanderer die Aufnahme in den Arbeitsmarkt - die wesentliche

Quelle für Integration - weitestgehend verschlossen.

PS Wer Merkels Willkommens- und Wir-schaffen-das-Optimismus gelobt hat, der muss ihre 180 Grad Wende bei gleichen Bedingungen kritisieren

Heureka

24.07.2016

Mir ist kein einziger tiefgründiger Beitrag von Angela Merkel bekannt, den man einordnen könnte in politisch und philosophisch bedeutsame Themen wie Ideologiekritik, Glaube und Wissenschaft, Rationalismus, Patriotismus und Nationalismus, Verifizierbarkeits- und Falsifizierbarkeitskriterien, Hypothesen, ethische Grundfragen, Zeitgeist und Dauer.

Dazu gibt es durchaus intelligente Beiträge von anderen Politikern und geschichtsphilosophisch interessierten Journalisten.

Merkel bescheidet sich damit, aktuelle Probleme „vom Ende her" zu lösen. Diese Lösungen provozieren „wahr" oder „falsch"-Wertungen, Beifall und Ablehnung. Dabei haben aber ihre überwiegend zeitgeistigen „wahr"-Wertungen den Themenkanon der CDU willentlich oder unwillentlich nahezu völlig abgeändert.

Es ist überhaupt nicht sicher, welche ihrer positiv gesehenen Entscheidungen der Gegenwart den Zeitgeist überdauern.

Trauma und Gewalt

25.07.2016

Die Attentäter und Amokläufer kommen aus Regionen, in denen islamische Bürgerkriege wüten. Sie sind traumatisiert, haben psychische Probleme und entwickeln vielschichtige Schwierigkeiten.

Die Medien dagegen sind voller gegensätzlicher Analysen und Kommentare, vor allem wird darauf hingewiesen, dass Anschläge und Flüchtlinge nicht in Verbindung gebracht werden dürfen. Aus Traumata könne nur selten Gewalt entstehen.

Was ist nun richtig? Die Erkenntnis mag im Prinzip richtig sein. Möglicherweise kann aber gerade aus traumatisierten Muslimen doch Gewalt erwachsen.

Millionen von deutschen Flüchtlingen aus ehemaligen nicht-islamischen Ostgebieten waren gewiss auch traumatisiert. Dass zu damaligen Zeit vermehrt Terroranschläge und Amokläufe aus diesen Traumata resultierten, ist in der Tat nicht bekannt.

PS Achtung Sarkasmus: Merkels Flüchtlingspolitik hat mit den gegenwärtigen Tragödien nichts zu tun. Das alles wäre auch ohne Flüchtlinge passiert.

Endlich Klarheit!

28.07.2016

Thorsten Krauel interpretiert in der WELT vom 28.07.2016. Merkels fatalen Satz: „Wir schaffen das!", der meiner Meinung nach genauso kindisch ist, wie Wulffs „Versprecher": „Der Islam gehört zu Deutschland" oder Schabowskis Gestotter: „Jetzt, unverzüglich".
Merkel habe trotz dieses zur Schau gestellten Optimismus die Flüchtlingsthematik als die womöglich größte Herausforderung seit 1949 eingestuft.
Ich fürchte allerdings, dass die Flüchtlingskrise noch viel größer geworden ist als von Merkel vorausgeahnt, und dass Krauel wie viele andere auch die vorauszusehende Sog- und Magnetwirkung des Willkommenssatzes mit all dem fortdauernden Chaos verdrängt, obwohl die Hälfte der Deutschen nicht mehr erkennt, warum sie Terror, Chaos und Verdrängung ertragen soll.

Merkel

31.07.2016

„Vier schaffen das"! : Mohammed, Marx, Migrant, Merkel.

Circe und Merkel

01.07.2016

Die Gefährten von Odysseus verzauberte Circe in Schweine. Nur Odysseus widerstand durch Klugheit und Glück der Macht der Zauberin.
Auch Merkel becirct Menschen um sich herum und verwandelt sie in „Schweine", die sie grunzend bewundern: Journalisten, Politiker und Wähler.
Aber zum Glück gibt es immer mehr kluge Wegweiser, die auch ihrer Macht widerstehen.

Deutschland ist am moralischsten. Wir haben „Theresa" Merkel

31.08.2016

Es jährt sich Merkels Entscheidung vom 04.09.2015, die Grenzen zu öffnen und offen zu lassen. Damit richtet sie ein unbeschreiblich historisches Chaos an. Mit „Wir schaffen das", oder besser: „Wir müssen das schaffen", weil Deutschland überaltert und Fachkräfte braucht, lockt sie über 1 Million Menschen nach Deutschland.
Immer noch rund 50 Prozent der Wähler und viele grüne, rote und auch schwarze Journalisten sehen in ihrer Entscheidung allein den humanitären

Impetus, der gekoppelt ist mit einer richtigen Analyse der komplexen Weltprobleme. Sie sind stolz auf Hilfsbereitschaft und Tatendrang.

Dagegen steht die andere Hälfte, die ihre Angst, ihren Hass und ihre Radikalisierung nicht beherrsche. Sie folgten populären Vereinfachern, die einfache Lösungen vorschlagen, z.B. „Festung Europa" mit dichten Grenzen und keine Moscheen. Besonders aber für die Visegrad-Staaten und für die Unpersonen Orban und Seehofer ist genau das eine der „einfachen" Lösungen. Und an „dichten Grenzen" werkeln jetzt auch Merkel und ihre Jünger.

Jetzt scheint sich Merkels individualethische Entscheidung zu einer staatlich notwendigen zu wandeln.

PS Unglaublich! Die heilige Angela wird kritisiert. Sogar Sturheit wird der Physikerin vorgeworfen. Und völlig „unberechtigt" hätten sich Rechtspopulisten gegen ihre Menschlichkeit zusammengerottet.

Ist Merkel Deutschlands Superstar?

04.11.2016

Merkel hat abrupt und ohne die Nachbarn zu konsultieren ein gut funktionierendes Energiesystem zerstört. Jetzt verschandeln Windspargel ehemals schöne deutsche Landschaften und Stromverbraucher müssen Höchstpreise zahlen. Behutsameres und intelligenteres Vorgehen hätte weniger Unmut erzeugt.
Sie will Europa zu einem Einheitsstaat umformen mit Brüssel als Hauptstadt. Damit hat sie zur Spaltung Europas beigetragen. Immer mehr Analysen schlagen einen Staatenbund mit sinnvoll beschränktem Überbau vor.
Für einen weiteren Grund der Spaltung ist sie ebenfalls verantwortlich. Sie hat Deutschland anfänglich mit einer Unzahl von kulturfremden Migranten geflutet. Die Entschuldigung, dass ein Volk von 80 Millionen diese „geringe" Zahl von „geschenkten Menschen" aushalten muss, wird von sehr vielen Menschen nicht akzeptiert. Eine solche Zahl -gering oder groß -, hält selbst die toleranteste Gesellschaft nicht ohne Klagen aus.
Jede dieser drei Idiotien müsste zum Rücktritt führen. Daraus wird aber nichts, weil sie ihre Entscheidungen mit Merkels individueller Paste „Moralin - besonders stark" verkleistert (vgl. Max Weber).
Es ist doch ein Lacher, dass allein Merkel weiterhin als Sonnengöttin der Politik gilt.

In Angela Dorothea Merkel steckt Pippi Langstrumpf

24.11.2016

Zwei mal drei macht vier,
widewidewitt und drei macht neune,

ich mach mir die Welt,
widewide wie sie mir gefällt.

hej, Pippi Langstrumpf,
die macht, was ihr gefällt

Flüchtlinge und Migranten

Tränen und politische Entscheidungen

09.05.2016

Es ist schwer, seine Tränen zurückzuhalten, wenn man das schreckliche Leid sieht, das die Flüchtlinge, die wirklich „aus der Hölle" kamen, ertrugen und weiterhin ertragen müssen. Die Migranten, die prozentual in der Mehrheit sind, hatten immerhin noch die Kraft, Tausende von Kilometern zurückzulegen, um nach Deutschland, Schweden oder Norwegen zu gelangen. Das Leid der Welt ist aber nicht nur auf die Flüchtlinge aus Nah-Ost beschränkt, sondern höllische Bilder gibt es weltweit.
Erste Tatsache: Deutschland und Europa können nicht alle notleidenden Menschen aufnehmen.
Zweite Tatsache: Politik muss nach anderen Kriterien bei der Hilfe entscheiden als nur nach individuellem Mitleid und christlicher Moral.
Die beiden wichtigsten Fragen sind:
Wie viele zuwandernde Menschen können sinnvoll integriert werden, und
gibt es eine reale Chance, den Kulturfremden ihre mittelalterlichen Wertvorstellungen mit viel Geld „abzuerziehen"?

Also: Wie schafft man es als Politiker trotz individueller Trauer, dem Volk Sicherheit zu vermitteln,
dass berechtigte **Islamophobie** - vereint mit Zorn über horrenden Quatsch - beseitigt werden
und **Integration** bei einer so großen Zahl von Zugewanderten gelingen kann?

Bei diesen Problemen gibt es in der deutschen Politik verdrängte Defizite, die allmählich auf Druck der Realität und der Opposition aufgearbeitet werden, und es ist mehr als fraglich, ob man Merkel für ihre „außerordentlich humanitäre" anti-webersche Politik Rosen schenken muss.

Flüchtlingskrise und moderne Kunst

15.05.2016

Ich habe den Eindruck, dass die reale Flüchtlingskrise und ihre intellektuelle positive Interpretation durch die „Eliten" und durch verführte Gutbürger eine Parallele findet in der modernen Kunst, wo eine rein exzessive verbale Lobhudelei ein monochromes Quadrat zur Weltsensation erheben und dem „naiven" Betrachter das Gehirn vernebelt.
Wenn da auch noch eine Kanzlerin in der psychotischen Mischung aus „Bergpredigt und Machiavelli" als Hauptakteurin mitmischt, dann wird AfD, Pegida und andere Arten von Wutbürgern verständlich.

It´s the economy, stupid

29.05.2016

Der „stoische Pragmatismus" der Deutschen wird in den gegenwärtigen Krisen, besonders in der Flüchtlingskrise, gelobt. Ich vermute, dass dieser Pragmatismus gar nichts zu tun hat mit Stoa oder Charakter, sondern dadurch begründet ist, dass es den meisten Deutschen anders als unseren Nachbarn ökonomisch sehr gut geht.
Immer wieder wird zu Recht die Mitmenschlichkeit in der Flüchtlingskrise eingefordert. Der Einzelne kann ja auch gerne ein Held oder sogar ein Heiliger werden. Nur - vom Staat kann und darf diese „Heiligkeit" und Fernstenliebe nicht eingefordert werden. Er muss neben Barmherzigkeit auch andere Prinzipien, z.B. Vermeidung von Chaos und Spaltung der Gesellschaft, verfolgen.
Multikulturalität kann etwas sehr Schönes sein. Aber nur dann wird sie akzeptiert, wenn die unglaublich riesige Menge von Kulturfremden reduziert und beherrscht wird. Kein Land ist bisher auf den idiotischen Gedanken gekommen, so viele Menschen aus den ärmsten, gewalttätigsten und rückständigsten Regionen der Welt ins Land zu holen, mit Milliardensummen zu alimentieren und unsere nicht so reichen Nachbarländer mit unserem moralischen Dünkel unter Druck zu setzen mit dem Totschlagsbegriff „Solidarität".

„Staatliches Kirchenasyl"

28.06.2016

Viele Politiker und danach auch Bürger wollen das religiös begründete Kirchenasyl auf eine Art „staatliches Kirchenasyl" übertragen:
Allen Bedürftigen muss geholfen werden
Der Staat ist aber keine „Kirche", und das Evangelium allein ist nicht ausreichend für gutes Staatshandeln.

Das sind ganz neue „spätmutige" Töne

08.07.2016

Gegen Russland ist viel zu riskieren, aber nichts zu gewinnen (Michael Stürmer)

Sorgen über die Flüchtlingskrise kommen nicht nur von Rechtsradikalen und Dummköpfen, wie Merkel und sympathisierende Entourage suggerieren.
Sanktionen gegen Russland dürfen kein Dauerzustand sein. Blockdenken ist nicht mehr zeitgemäß (Erwin Sellering)

Am politischen Willen, Rückführungen und Abschiebungen durchzuführen, hat es in der Vergangenheit oft gemangelt (Ruud Koopmans, Migrationsforscher)

Und wenn es nicht gemangelt hat, dann wurde es aberwitzig teuer. Für zwei bis drei Abzuschiebende geht das in die zig-Tausende.
Der Wind der Realitätswahrnehmung dreht sich. Da werden immer mehr Kommentatoren mutiger, fast so mutig wie seit langem bekannte Stimmen aus der AfD (Cevenole)

Trauma und Gewalt

25.07.2016

Die Attentäter und Amokläufer kommen aus Regionen, in denen islamische Bürgerkriege wüten. Sie sind traumatisiert, haben psychische Probleme und entwickeln vielschichtige Schwierigkeiten.
Die Medien dagegen sind voller gegensätzlicher Analysen und Kommentare, vor allem wird darauf hingewiesen, dass Anschläge und Flüchtlinge nicht in Verbindung gebracht werden. Aus Traumata kann nur selten Gewalt entstehen.
Was ist nun richtig? Die Erkenntnis mag im Prinzip richtig sein. Möglicherweise kann aber gerade aus traumatisierten Muslimen doch Gewalt erwachsen.

Millionen von deutschen Flüchtlingen aus ehemaligen nicht-islamischen Ostgebieten waren gewiss auch traumatisiert. Dass zu damaligen Zeit vermehrt Terroranschläge und Amokläufe aus diesen Traumata resultierten, ist in der Tat nicht bekannt.

PS Dauerberieselung: Merkels Flüchtlingspolitik hat mit den gegenwärtigen Tragödien nichts zu tun. Das alles wäre auch ohne Flüchtlinge passiert. Welch ein Irrsinn!

Ursachen der Flucht

09.09.2016

Nach NRW-Innenminister Jäger (SPD) hat Deutschland in der Flüchtlingskrise schon sehr viel erreicht: „Es geht jetzt darum, viel stärker die Ursachen der Flucht zu bekämpfen. In Syrien und Zentralafrika". Wann würden wohl seiner Meinung nach die Ursachen beseitigt sein?
Für eine schlagkräftige deutsche Armee melde ich mich schon mal als Freiwilliger und möchte die drei Grazien Käßmann, Roth und Göring-Eckardt ermuntern, sich mir als Krankenschwestern auf den Weg ins Kriegsgebiet zu machen.

Semantik aus dem politischen Irrenhaus

09.10.2016

Die Flüchtlingszahlen müssen „nach oben" begrenzt werden, aber ohne „Obergrenzen".

Gegen terroristische Massenmörder führen deutsche Politiker keinen Krieg, weil dieser Begriff völkerrechtlich anders definiert ist, als wenn Definitionen und positive Gesetze göttlichen Ursprungs sind.

Die Balkanroute kann jetzt ohne große Rücksicht auf den gefürchteten Flüchtlingsstau in Griechenland gesperrt werden, weil die EU-Grenzschutzagentur Frontex beteiligt ist.

Politiker aller Parteien sabbeln jetzt immer wieder dasselbe, was vor Monaten nur Rechte und „Nazis" zu fordern wagten: „Man muss wissen, wer einreist, um die Freizügigkeit innerhalb Europas zu erhalten".

Und der Gipfel des „maßlosen" Blödsinns: der Staat bezahle für die Flüchtlinge, nicht der einzelne Bürger. Dem werde nichts weggenommen.

Bei dieser „Unübersichtlichkeit" ist es doch verständlich, dass die Parteien der alten und neuen Mitte an Stimmen verlieren.

Tendenz nach Rechts: gut oder böse?

15.10.2016

Es gibt eine umfangreiche Ursachenforschung für das Entstehen der Achtundsechziger. Meistens wird das Entstehen positiv gewertet, weil angeblich geschichtlich überholte Ursachen (R)evolutionen forderten. Die revolutionären Subjekte sah man zunächst in Studenten.
Die Ursachenforschung für das Entstehen von konservativen über rechtsnationale bis hin zu rechtsextremistische Strömungen dürfte gern ausführlicher und tiefergehend ausfallen. Anders als „1968" werden die Ursachen als böse und unberechtigt angesehen.

Einen Hauptgrund für die Tendenz nach Rechts sehe ich in einem verbreiteten unreflektierten, naiven Helfersyndrom, das alle Beladenen dieser Welt gleichzeitig und ungezielt trotz (gefühlter) materieller Unzufriedenheit der eigenen Staatsbürger glücklicher machen will.

Der Altruismus der Menschen, der im naturwüchsigen Tugend-ranking phylogenetisch nicht ganz oben steht, wird überfordert.

Dass dieses Helfersyndrom auch noch von Politikern (und Medien) vertreten wird, die eindeutigen Unsinn reden (besonders die Grünen), verstärkt die Tendenz nach Rechts.

Positive Gesetze

03.11.2016

Migrationsforscher, Links- und Rechtsgelehrte listen detailgenau und kenntnisreich auf die hochkomplexen Gesetze und deren Implikationen zur Asylgesetzgebung und zu verwandten Themen. Die Konsequenzen werden wortreich beklagt, so dass man den Eindruck gewinnt, es walten in diesem Schlamassel schicksalhafte Sachzwänge.

Wenn aber die Probleme in diesen Netzwerken unerträglich werden, dann müssen eben die Gesetze verbessert werden. In der Vergangenheit kam diese Verbesserung sehr häufig zu spät, was der Grund dafür war, dass sich eine „populistische" Opposition gegen eine Einheitsfront bildete. Gesetze sind von Menschen „gesetzt" (lateinisch „positus"). Sie haben keinen unveränderlichen göttlichen Ursprung.

Islam

„Toleranter" Relativismus

03.05.2016

Barbara John (in WELT vom 03.05.2016), ehemalige CDU-Integrationsbeauftragte, glaubt anders als viele Islamwissenschaftler, dass negative Einstellungen gegen kulturelle „Besonderheiten" von Muslimen „Reflexe wie in geschlossenen Stammesgesellschaften" seien. Da ergibt sich das Problem, wieweit sie die Toleranz der offenen Gesellschaft dehnen kann, ohne sich den Vorwurf einzuhandeln, sie vertrete einen unerträglichen Relativismus.

Ich kann und will auch meinen Zorn gegen kulturelle Idiotien nicht mäßigen: Muezzin-Rufe vom Minarett, wie in Diktaturen für das Volk von Lautsprechern verstärkt, stören mein Ruhebedürfnis in einer bereits zu geräuschvollen Welt. Ich bin ja auch nicht mit zu lauter Musik meines Nachbarn einverstanden.
Die Entschuldigung, dass es sich um „Wertschätzung" der Frau handelt, wenn man ihr nicht die Hand gibt, ist nicht tolerant, sondern dämlich und verlogen.
Wenn man dunkle zusammengeklappte Sonnenschirme nicht mehr von schwarz-vollverschleierten Frauen unterscheiden kann, dann ist mitmenschliche Kommunikation unmöglich geworden.
Das Kopftuch als religiösen „Zwang" zu begründen, um zwischen sich und Allah einen Abstand zu wahren, ist heuchlerisch, solange nicht auch Männer ein Kopftuch oder ähnliches tragen. Außerdem ist es eine Beleidigung Allahs zu glauben, dass ihm textile Fummel wohlgefällig sind.
Die Ablehnung, nur mit einem Neoprenanzug am Schwimmunterricht teilzunehmen, Geschlechterzeiten für Wasserrutschen zu verfügen und weiterer Quatsch, hat mit „geschlossenen Stammesgesellschaften" - ein Vorwurf an Islamkritiker - gar nichts zu tun.
Zu schweigen von den Geboten des Koran, Ungläubige zu töten, und zu schweigen von den erschreckenden Meinungsumfragen unter Muslimen.
Wenn John die Behauptung ablehnt, die DITIP sei von der türkischen Religionsbehörde gesteuert und in Ender Cetin einen einzigen Zeugen dafür aufruft, dann kennt die 78-jährige nicht die umfangreiche innerislamische Diskussion.
Wenn John die Kritik der AfD an Kultur und Politik der Muslime, die im Frühmittelalter verharren, mit den Worten kommentiert:
„Der Kommunismus und der Nationalsozialismus lassen grüßen",
dann darf man den Verdacht beginnender Demenz oder fundamentaler Unbildung haben.
Wenn John „die Neuankömmlinge" bedauert, dass sie tolerieren müssen, „dass manche Dinge hier anders laufen", dann kann man ihr nur zurufen, „das haut dem Fass die Krone ins Gesicht".

Zuletzt bleibt die Frage, ob es für Menschen wie Barbara John, die sich durch Unsinn eine moralische Arroganz anmaßen, überhaupt kulturelle Abarten gibt, die auch sie in Deutschland nicht haben will: Penisschmuck oder Menschenfresserei.

PS Ich liebe meine türkischen Muslime, bin aber von Staats wegen Karl Martell, der 732 bei Tours und Poitiers nach Frankreich vorgedrungene muslimische Araber.

Deutschland und der Islam

05.05.2016

Es gibt aus verschiedenen Gründen eine Flut von Artikeln, die europäische Werte aufzählen.
Bei geringer Mühe kann man jeden dieser Werte einem Philosophen, einem Staatsdenker, einem Politiker, einer gesellschaftlichen Evolution oder Revolution und dem Christentum zuordnen. Aber selbst mit größter Mühe finde ich keinen Wert, den der Islam in den europäischen Wertekanon eingebracht hat. Muslime verlassen ja gerade islamisch geprägte Regionen, weil es diese Werte dort nicht gibt.

Dennoch „gehört" nach der Vorstellung vieler Intellektueller der Islam in seiner ganzen Bandbreite zu Deutschland und Europa:

Millionen von Muslimen leben hier. Es gibt Moscheen, Minarette, verschleierte schwarze Schreckgespenster, geschlechterspezifische Wasserrutschen, Gemüseläden, Diskussionen allerorten über den Islam.
Es gibt kaum lösbare Integrationsschwierigkeiten für islamische Migranten und Flüchtlinge in allen Bereichen staatlichen Handelns. Und es gibt Madrid, London, Paris und Brüssel.

Sarkasmus: Wer kann da noch behaupten, der Islam gehöre nicht zu Deutschland - und Europa?

Klaus sein Islamverständnis

19.05.2016

Ich fühle mich im Kreise bedeutender Islamkritiker (z.B. Voltaire, Schopenhauer, Atatürk, Salman Rushdie) wohler als bei Klaus Kleber, Göring-Eckardt, Käßmann, Bedford-Strohm und anderen Gutbürgern.
Wieso glauben Letztere eigentlich, dass in Deutschland mit seinen „westlichen Werten" das Zusammenleben mit Muslimen konfliktfrei ablaufen wird, obwohl es weltweit kein einziges friedliches Modell dafür gibt?
Wieso wissen Letztere nicht, dass zum authentischen Islam die Scharia gehört,
dass die Kopfbedeckung von katholischen Nonnen nicht gleichzusetzen ist mit

dem Kopftuch der zivilen Musliminnen,
dass Glockenturm und Minarett mit Muezzin gegensätzliches Religionsverständnis verkünden,
dass Jesus sogar die Feindesliebe gepredigt hat und die Gläubigen mahnt, dem Kaiser zu geben, was des Kaisers ist, und Gott zu gebe, was Gottes ist. Hingegen führen die Kalifen und Sultane beide Schwerter, das geistliche und das weltliche.

Nicht alle Muslime lassen sich (wahrscheinlich) umerziehen, so dass sie diesem gefährlichen Gedankengut des „wahren" Islam abschwören.

Max Weber soll zu Recht wütend geworden sein, wenn Individualethik und Staatshandeln von Naiven unzulässig vermischt wurden.

Wahrheiten in WELT vom 30.05.2016

30.05.2016

- Europa hat sich offenbar in den letzten 25 Jahren zu viel zugemutet. Aus Liberalität wurde „alles geht" (Andrea Seibel)/Slogan nach Musical und Paul Feyerabends „Anything goes"

- Und das von einem Sozialisten: „Lieben wir unser Vaterland, aber beschützen wir Europa" (Francois Hollande)

Der Islam, der Islam, der hat immer recht

02.06.2016

Diejenigen, die glauben, dass der „Islam zu Deutschland gehört", oder abgeschwächt „wenigstens die Muslime", sofern sie keinen „politischen Islam" vertreten, sondern sich mit einem „kulturell-religiösem" Anspruch wie andere Religionen auch begnügen, übersehen, dass der realexistierende Islam und seine in jeder Hinsicht rückständige Kultur im Vergleich zur westlichen Welt nicht etwa edel und human, sondern dumm, primitiv und brutal ist. Den außergewöhnlich großen Quatsch der Vollverschleierung, der Frauenverachtung, des Hasses auf Homosexuelle, die latent auch bei unauffälligen Muslimen vorhandene Gewalttätigkeit und Ablehnung der Demokratie und die Wertschätzung des Despoten Erdogan können nur Linke, die ihre Ideen verraten, und andere naive Bundespolitiker verstehen und kritiklos ertragen. Die Lösung kann nur darin bestehen, dass diejenigen Muslime, die legal zu uns kommen dürfen, harten Bedingungen der Integration unterworfen werden.

PS 1 Kommen Muslime in unser Land, weil sie Beethoven und Mozart lieben, weil sie deutsche Klassik und Romantik hochschätzen, weil sie Fleiß und Ordnung der Bundesbürger und das politische System bewundern, oder kommen sie nach Deutschland, um Geld zu verdienen und versorgt zu werden, aber ansonsten Türken, Kurden, Araber, was auch immer bleiben wollen?

PS 2 Merkel sollte nachweisen, ob sie in der Islamfrage überhaupt kompetent ist, indem sie mindestens auf einer Zeitungsseite ihre Position nicht mit Allgemeinplätzen begründet, sondern mit philosophischem und wissenschaftlichem Tiefgang.

Islamisierung des Abendlandes

05.06.2016

Ich bin gegen die Islamisierung des Abendlandes. Wer ist eigentlich dafür? Diese Religion und ihre Kultur bieten mir zu wenig. Es gibt existenzielle Fragen, die den verschiedenen „Islamen" völlig unbekannt sind, dem Christentum schon, aber die Antworten überzeugen nicht.
Ich glaube aber nicht, dass momentan die Gefahr einer „Islamisierung" besteht. Wenn das „Abendland" aber allen unverschämten Forderungen und Traditionen einiger Muslime aus falsch verstandener Toleranz nachgibt, die mit westlichen Werten nicht vereinbar sind, dann waren dem Abendland diese Werte nicht wichtig genug.

Anything goes

15.06.2016

Je weniger islamischer Unsinn kritisiert wird und je mehr muslimische Gewalttaten ungesühnt bleiben, desto mehr können radikale Muslime auf den Gedanken kommen, islamisch-mittelalterliche Kultur und der gewalttätige Dschihad werden in Deutschland und Europa erfolgreich sein. Besonders auch dann, wenn geistig restringierte Politiker wie Claudia Roth sie in ihrem Ziel bestätigen.

Islam: Frieden und Barmherzigkeit

15.06.2016

Der Islam sei eine Religion des Friedens und der Barmherzigkeit. Denn in seinem Namen seien **nur** Hunderttausende von Menschen durch Terrorakte und innerislamische Kämpfe umgekommen. Muslime bemühten sich, durch Kopfabschneiden unnötige Qualen ihrer Opfer zu vermeiden. Sie seien stolz, ihre mittelalterliche Kultur zu pflegen.
Sie haben großes Potenzial zur Verbesserung: Die gesamte Buchproduktion des Nahen Ostens entspricht der jährlichen Quote in Spanien. Muslime kurbeln den Weltmarkt an durch effektive Zerstörungen. Islamisch geprägte, politisch unsichere Staaten werden in Zukunft noch klarer „islamische Menschenrechte" formulieren gegen die westliche Dekadenz. Da ist für

Fortschritt viel Luft nach oben!
In Deutschland sind Muslime laut Heiko Maas offen für Weiterbildung und Verbesserung ihrer Defizite, was Erdogan aber gar nicht gefällt.
Allahu akbar!

Lieber grün als kühn

15.06.2016

Das Pew Research Center hat in einer Meinungsumfrage ermittelt, dass 64 Prozent der Deutschen keine militärische Gewalt im Kampf gegen den islamischen Terrorismus wünscht. Dieser Wert wird nur noch von den Niederländern übertroffen. Sie bieten offenbar lieber „die andere Wange" dar, die Guten.

Die vielen Toten der Ideologien

17.06.2016

Es ist gut gesichert, wie viele Tote der Nationalsozialismus zu verantworten hat. Gleichermaßen weiß man, wie viele Millionen Menschen der den Kommunismus ihr Leben verloren (vgl. das „Schwarzbuch des Kommunismus"). Es ist nun an der Zeit, die Toten zu zählen, die der islamisch begründete Terror, einschließlich der innerislamischen Bürgerkriege seit Jahrhunderten produziert hat. Der Islam ist in vielen gewaltbereiten Facetten keine Religion der Toleranz und der Friedfertigkeit.

„Friedfertige" Muslime lehnen Gewalt nicht ab

17.06.2016

Die Uni Münster hat türkischstämmige Deutsche, von denen es ca. drei Millionen in Deutschland gibt, nach ihrer Weltanschauung befragt. Dabei ist herausgekommen, dass diese Bevölkerungsgruppe einer geheimen islamischen Logik folgt.
Diese drei Millionen Türkischstämmige schreiben dem Islam vor allem positive Eigenschaften zu wie Solidarität, Toleranz und Friedfertigkeit.
Andererseits stimmen diese „Friedfertigen" - Koran konform - der Aussage zu, „die Bedrohung des Islam durch die westliche Welt rechtfertigt, dass Muslime sich mit Gewalt verteidigen" und etwa „nur" sieben Prozent von drei Millionen (210.000!!) halten die gewaltsame Durchsetzung des Islam für gerechtfertigt.
210.000 hier lebende Muslime lehnen Gewalt nicht ab! Welche Zahl mag dann herauskommen bei den neuen Flüchtlingen und Migranten?

Seltene Allergie

22.06.2016

Bei mir ist eine Allergie gegen bullshit im Allgemeinen diagnostiziert worden, und im Besonderen gegenüber dem Islam in seiner mittelalterlichen Ausprägung

Die haben doch ein Porzellansyndrom!

29.06.2016

Es gibt kulturell unterschiedliche Begrüßungscodes. Ein Alleinstellungsmerkmal des orthodoxen Islam aber ist, dass ihr Begrüßungscode nach Geschlechtern unterscheidet.
Nach Aussagen einiger Muslime geben sie einer fremden Frau aus Respekt vor ihr nicht die Hand und erklären diesen Blödsinn damit, dass in dieser Geste eigene Begierde verborgen sein könnte.
Nun fordern einige Deutsche, ebenfalls mit Porzellansyndrom (s.u.), mehr Gelassenheit und Toleranz in solchen Begrüßungssituationen - und ebenfalls in der Bewertung von religiös begründetem Kopftuchtragen, Ganzkörperverschleierung, Burkinis, geschlechterspezifische Öffnungszeiten in Badeanstalten, Verbot von Schweinefleisch in Kantinen, Forderung nach Beträumen in Schulen, Zwangsverheiratungen, Ehrenmorde, kulturell begründete Gerichtsurteile, und man sollte auch wenigstens ein wenig Verständnis aufbringen für die Gründe von Gruppenvergewaltigungen. Diesen Stuss erkläre man mal einem dithmarscher Bauern!

Einige Muslime und einige deutsche Tolerante haben ein **Porzellansyndrom, d.h. sie haben nicht alle Tassen im Schrank!**

Logik: Ich habe eine Barmherzigkeitsphobie

04.07.2016

Irgendein Islam soll barmherzig sein.
Dieser Meinung waren nicht Winston Churchill, Atatürk, Karl Marx, Voltaire, Friedrich der Große, Blaise Pascal, Gustave Flaubert, Alexis de Tocqueville, Oriana Fallaci, Herder, Schopenhauer, Otto Schily, Alice Schwarzer.
Im Namen des Islam werden Frauen verkleidet, gesteinigt, zwangsverheiratet oder „aus Ehre" ermordet.
Im Namen des Islam hat es in der Gegenwart durch Terroranschläge und Selbstmordattentäter Tausende von Toten gegeben.
Im Namen des Islam hat es bei innerislamischen Religionskriegen Hunderttausende von Toten gegeben.
Salman Rushdie, Westergaard, Hamed Abdel-Samad, Nekla Kelek, Seyran Ates, Sabatina James und bald wohl auch Bassam Tibi sowie viele

andere müssen um ihr Leben fürchten, weil sie den Islam kritisieren.

So, liebe Claudia Roth und viele andere!: Wo sind die Vertreter eines barmherzigen Islam, der ins 21. Jahrhundert passt? Gegenwärtig bestimmen irre islamische Blutsäufer das Bild und den Inhalt des Islam.

Also: Wenn ich keine Islamophobie haben darf, dann habe ich eben eine Barmherzigkeitsphobie.

Diese „Barmherzigkeit" ist grauenvoll

08.07.2016

The Shoe Bomber was a Muslim
The Beltway Snipers were Muslims
The Fort Hood Shooter was a Muslim
The Underwear Bomber was a Muslim
The U.S.S. Cole Bombers were Muslims
The Madrid Train Bombers were Muslims
The Bali Nightclub Bombers were Muslims
The London Subway Bombers were Muslims
The Moscow Theatre Attackers were Muslims
The Boston Marathon Bombers were Muslims
The Pan-Am flight #93 Bombers were Muslims
The Air France Entebbe Hijackers were Muslims
The Iranian Embassy Takeover, was by Muslims
The Beirut U.S. Embassy bombers were Muslims
The Libyan U.S. Embassy Attack was by Muslims
The Buenos Aires Suicide Bombers were Muslims
The Israeli Olympic Team Attackers were Muslims
The Saudi, Khobar Towers Bombers were Muslims
The Beirut Marine Barracks Bombers were Muslims
The Beslan Russian School Attackers were Muslims
The first World Trade Center Bombers were Muslims
The Bombay & Mumbai India Attackers were Muslims
The Achille Lauro Cruise Ship Hijackers were Muslims
The September 11th 2001 Airline Hijackers were Muslims
Fortsetzung folgt ununterbrochen!

Islamischer Imperialismus seit 1400 Jahren

08.07.2016

Es gibt seit Mitte des 7. Jahrhunderts einen islamischen Imperialismus. Er dauert seit nunmehr 1400 Jahren.
Selbstverständlich waren zu allen Zeiten nicht alle Muslime an diesem

mörderischen Dschihad gegen Ungläubige beteiligt. Wie so häufig war es „eine kleine radikale Minderheit", die das Ziel vorgab und die die „glorreichen Siege" errungen hat, und nicht die friedlichen Muslime, die ihr Seelenheil in der Religion suchten. Und auch die Geschichtschreibung der Vergangenheit erkannte - wie die heutige politische entschuldigende Interpretation - nicht den Islam als treibende kraft der Expansion, sondern ethnische Gruppen: Türken, Araber usw. mit ihrem säkularen Machtanspruch und ihren kulturellen Besonderheiten.

Beten tötet nicht, aber religiöser Fanatismus mittelalterlicher Krieger!

Solidarität mal anders

15.07.2016

Nun sind Deutschland und Europa aufgefordert, Frankreich gegenüber Solidarität zu zeigen, indem sie stärker als bisher den mit westlichen Werten nicht zu vereinbarenden Teil des Islam in seine Schranken weisen:
Nulltoleranz gegenüber religiösen Ansprüchen, Politik mitbestimmen zu wollen. Nulltoleranz gegenüber kulturell und religiös begründetem Schwachsinn, z.B. Handschlagverweigerung, Kopftuchtragen und Verschleierung.
Stärkeres solidarisches Engagement zeigen - auch militärisch - im Kampf gegen die mörderische Ausprägung des Islam - besonders gegen den IS und al-Nusra -, um Frankreich als Ziel der wahnsinnigen Fanatiker zu entlasten.
Solidarisch mit Frankreich zu propagieren, dass terroristische Massenmorde in den letzten Jahrzehnten allein von Muslimen verübt wurden.
Solidarisch immer wieder zu erklären, dass es sich bei den verführten Mördern nicht nur um arme Opfer der Gesellschaft handelt, sondern um Therapie bedürftige Pestkranke.

Krieg den bewaffneten Idioten

16.07.2016

Die Einsicht ist richtig, dass der IS und die weltweiten Anhänger seiner Ideologie physisch-militärisch erfahren müssen, dass sie am Ende machtlos sind gegen den „Westen", und dass **ihr großer Osterhase**, an den sie glauben und an den die ganze Welt mit mörderischem Zwang glauben soll, ihnen nicht helfen kann oder will.
Denn freundliche Gesichter von „Ungläubigen" müsste der Osterhase eigentlich auch lieber mögen, als fanatisiert-blöde Bartträger im Männlichkeitswahn oder schwarze Textilpuppen.
Denn er würde ihnen empfehlen, dass sie ihre Todessehnsucht auch befriedigen könnten, wenn sie sich auf einer großen einsamen Wiese in die Luft sprengten.

Denn „der Osterhase ist ja groß", und er mag keine Versager, die vortäuschen, für ihn zu kämpfen. Er hasst Menschen, die nur zerstören, nicht aber aufbauen können.

Denn er würde ihnen sagen: „Sucht Bedeutung, Gemeinschaft, Identität, Sex und Ziele nicht beim IS. Ihr findet diese Werte bei eigener Anstrengung auch außerhalb dieser mörderischen Sekte".

Und er würde ihnen klarmachen, dass sie die Schuld für ihr Versagen nicht immer in Ausgrenzung und Diskriminierung suchen dürfen. Immerhin bietet ihnen die westliche Welt bei allen individuellen Schwierigkeiten größere Möglichkeiten als die muslimisch beherrschte.

Politik und Logik

18.07.2016

A) „Der Islam gehört zu Deutschland".
   versus
   „Es gibt keinen einheitlichen Islam".

(Da darf gelacht werden)

B) „Der islamistische Islam hat mit „dem Islam" nichts zu tun".
   versus
   „Es gibt keinen einheitlichen Islam" und: „Wenn das wahr wäre, dann müsste es diesen Terrorismus auch ohne Islam geben".
(Da sträuben sich alle Haare)

C) Der Koran wird tatsächlich zweimal richtig ausgelegt, obwohl Erklärungen darin widersprüchlich sind, z.B. kann „Djihad" einerseits die persönliche Glaubensanstrengung meinen, die Toleranz und Milde im Umgang mit den Nicht-Muslimen empfiehlt, andererseits werden aber auch die Muslime mit dem „Djihad" auf Gewalt gegenüber Ungläubigen verpflichtet.

(Das verschlägt einem die Sprache)

Aus volkspädagogischen Gründen oder Scham, die Forderung aufzustellen, dass nur die sympathischere Variante zum „wahren Islam" gehört, vergeht sich an der Liebe zur Wahrheit.

PS In der Gegend um Cremona/Norditalien arbeiten sehr viele Sikhs aus Indien in der Milchwirtschaft. Die Behauptung, der Sikhismus gehöre zu dieser Region, ist bisher noch keinem vernünftigen Italiener eingefallen.

Tollwut und Tötungswahn

19.07.2016

Immer wieder hört man nach jedem muslimischen Terrorakt die Erklärung: „Er hat sich radikalisiert. Er hat viel vom Islam geredet".

Dennoch haben nach Behauptungen einiger Islamwissenschaftler und Politiker diese Massenmorde mit dem Islam nichts zu tun".
Wenn das wahr wäre, dann müsste man dasselbe über die Aussage behaupten können: „Er hat sich radikalisiert. Er hat viel über den Buddhismus geredet".
Die Behauptung, so ein fanatischer Mörder habe mit dem Buddhismus nichts zu tun, ist in der Tat wahr. Der **Unterschied** aber ist: Es gibt keine buddhistischen Massenmörder in Europa.
PS Der Tollwuterreger ist eindeutig identifiziert. Welche Erreger Ursache sind für den Tötungswahn von terroristischen Massenmördern ist immer noch umstritten.

Zorn, Wut, Hass

19.07.2016

Sind die menschlichen Emotionen Zorn, Wut, Hass letztlich doch unmenschlich? Gibt es keine Objekte, auf die sich Hass richten darf?
Das Buch eines Journalisten mit dem Titel „Meinen Hass bekommt ihr nicht" wird zum Bestseller in Europa. Obwohl er bei einer Terrorattacke muslimischer Mörder seine Frau verloren hat, gelingt es ihm (scheinbar?), „seine Seele nicht mit negativen Gefühlen zu vergiften".
Mir gelingt das nicht! Ich hasse zwar die meisten Muslime nicht, aber jene umso mehr, die unsägliches Leid über unschuldige Menschen bringen. Mir ist auch unklar, wie man diese irdischen Teufel mit tödlichen Waffen bekämpfen kann, wenn man Zorn, Wut und auch Hass verdrängt.

Der Mensch ist frei geboren...

22.07.2016

„Der Mensch ist frei geboren und liegt doch überall in Ketten"(Jean-Jacques Rousseau).
Also „anything goes" („alles geht") ohne Ketten?
Da sitzt nun eine Muslima im Burkini, von oben bis unten in Schwarz, im flachen Wasser eines öffentlichen Schwimmbades. Im Hintergrund plantschen ein paar „Ungläubige" in üblichen Badeanzügen freudvoll im Wasser. Diese traurige Bild hat die Qualität einer Karikatur. Man müsste eigentlich über die arme Frau lachen.
Doch nein! Ernsthafte Begründungen für diese Pinguinverkleidung versuchen Verständnis zu erwecken. Der Burkini erlaube der Muslima am öffentlichen Leben teilzuhaben. Es sei also keine religiöse Frage, sondern dahinter stehe ein Partizipationsproblem, eine zivilintegrative Frage. Der Burkini müsse historisch eingeordnet werden und könne durchaus auch bei 42 Grad auf einer freien Entscheidung beruhen.

Solche scheinintellektuellen Begründungen erfreuen wen auch immer. Man kann selbige aber durchaus auch in einen Kulturrelativismus einordnen, für den es nach Wertvorstellungen fortgeschrittener Zivilisationen und Kulturen nur scheinrationale Erklärungen gibt: In Afrika wird die Unterlippe in der Fläche vergrößert, Männer schmücken und verlängern ihren Penis mit hübschen Bambusrohren, Geishas bandagierten ihre Füße, um sie klein zu halten, einige Völker verzehrten die Gehirne ihrer Nachbarn, um deren Kraft in sich aufzunehmen, Schweinefleisch ist tabu, Allah ist ein Mann mit Bart.

Es gibt neben einer Fülle weiterer kultureller Motive auch gefährlichere Verirrungen. „Ungläubige" dürfen mit religiöser Weihe vernichtet werden. Massenmörder fühlen sich nicht schuldig, weil ihnen verständnisvolle Begründungen frei Haus geliefert werden. Den RAF-Mördern wurde zunächst ein Gruppencharakter zugebilligt, und man brachte diesen „hochsensiblen" Verbrechern Verständnis entgegen. Walter Ulbricht „schützte seinen besseren deutschen sozialistischen Staat" mit einer Mauer. Oppositionelle werden aus „guten" Gründen gefoltert und getötet.

Bei diesen Begründungen für Tod und Verderben bleibt die Karikatur einer badenden Muslima nur unbegründbarer Quatsch, der an Badebekleidung aus dem frühen 20. Jahrhundert erinnert, aber auch an eine uns fremde, bedrohliche Kultur. Der Muslima und uns Phobisten ist zu wünschen, dass Staunen, gesteigerte Aufmerksamkeit und auch Lachen nicht in negative Emotionen umschlagen.

Augstein: Der Blödelbarde hat wieder zugeschlagen

23.07.2016

„Es ist Zeit zu erkennen, dass wir den (bewaffneten) Kampf gegen den Terror verlieren. Es ist Zeit, stattdessen endlich mit dem Kampf um die *hearts and minds* der Muslime zu beginnen. Dieser Kampf wird nicht mit Waffen geführt.

Aber sind wir stark genug, die Waffen niederzulegen"

(Jakob Augstein in SPIEGEL ONLINE)

Welche Argumente könnten die „hearts and minds" der Muslime, - seit 1400 Jahren deformiert - , gewinnen?: „Lieber muslimisch als tot"?

Augstein, Künast, Roth, Käßmann und andere „Heilige" würden den Menschen keinen Schutz bieten können.

Wenn Augsteins Therapie wirklich Erfolg verspräche, dann müsste man sie auch bei der Mafia, den Nazis, Erdogan und anderen fanatisierten Bösewichtern anwenden können.

Max Weber: „Denn wenn es in Konsequenz der akosmistischen (weltverneinenden) Liebesethik heißt: dem Übel nicht widerstehen mit Gewalt',

- so gilt für den Politiker umgekehrt der Satz: du sollst dem Übel gewaltsam widerstehen, - sonst bist du für seine Überhandnahme verantwortlich

Der hysterische „Generalverdacht"

24.07.2016

Die Hysterie, überall einen „Generalverdacht" gegenüber Muslimen zu sehen, trifft auf mich nicht zu. Ich mag die zahllosen Berichte über friedliebende Muslime, denen leider in einem gewalttätigen, auf falscher Interpretation beruhenden Umfeld der Tod droht. Lasset sie zu uns kommen, und wehret ihnen nicht!

Kommunisten, Nationalsozialisten, Islamisten

26.07.2016

Die Kommunisten töteten im „Klassenwahn", die Nationalsozialisten im „Rassenwahn". Beides sind Überlegenheitsideologien: „Wir" - die Überlegenen der Geschichte gegen „Euch" - die Verlierer. Ihre Wahnvorstellungen waren so stark, dass sie jegliche menschliche Moral auslöschen konnten.
Auch im Islam und unter Muslimen gibt es dieses starke „Wir-Ihr"-Schema (Ahmad Mansour, Diplompsychologe), allerdings zweigeteilt:
Anhängern dieser Religion wird durch ihre Religion „bewiesen", dass sie allen anderen „Ungläubigen" überlegen seien: „Allahu akbar!". Aber gleichzeitig sehen sich Muslime auch in einer Opferrolle: „Wir" werden unterdrückt und „wir" müssen uns im Dschihad wehren und siegen, um unsere Überlegenheit zu zeigen. Im „Glaubenswahn" ersticken sie jegliche menschliche Regung.
Letzteres Gefühl ist gewiss primäres Motiv für einige Terrorakte und kann nur mit dem Islam erklärt werden. Aber gerade auch die Attentäter der jüngsten Vergangenheit haben ein ganz anderes primäres Motiv: Sie sind narzisstische Nachfahren von **Herostrat**. Sie wollen durch eine einzige finale Tat ihrem verpfuschten Leben ein Ende machen. Doch das genügt noch nicht. Sie „islamisieren" ihre Gewalt, um sie „religiös und ideologisch zu veredeln" (Oliver Roy, französischer Islamwissenschaftler)

Radikalisierung

27.07.2016

Was bedeutet „Radikalisierung"? Hat sie etwas mit „dem Islam" zu tun?
Bei der Beantwortung dieser Fragen gerät man in Treibsand:
- Mit „dem Islam" kann Radikalisierung nichts zu tun haben, weil es „den Islam" nicht gibt.
- Die Radikalisierung geschieht häufig über Angebote des Salafismus. Wenn

aber der Salafismus etwas mit dem Islam zu tun hat, dann hat es auch die Radikalisierung.

- Alle Facetten des Islam sind geprägt durch eine Überlegenheitsideologie, durch ein Schema „Wir-Ihr": Wir Wahren und Guten - Ihr Falschen und Schlechten. Gewalt und Terror können Konsequenzen dieses islamischen (sic!) Glaubenswahns sein.

- Ein Experte glaubt Bedeutendes zu sagen mit dem Satz: „Es handelt sich vielmehr um politische Radikalisierung, die mit dem Islam begründet wird". Auch bei Nazis und Kommunisten handelt(e) es sich um politische Radikalisierung, die zwar nicht durch Glaubenswahn, sondern mit Rassen- und Klassenwahn begründet wurde/wird,

Muslime all über all!

03.08.2016

Überall „Muslime"! Muslime oben, Muslime unten, rechts-links, hinten-vorn.
Davon sind laut einiger Medien und volkspädagogisch interessierter Politiker 99,99 Prozent friedliebend und barmherzig, wie es auch einige Suren des Koran fordern.
Über den Rest aber wird nur sehr einseitig berichtet:
Terror, Unsinnstraditionen, mangelnde Integration, Amokläufe, Opferrollen, Traumata, Frauen und Homosexuellenverachtung, sexuelle Übergriffe, Kriminalitätsraten, Affinität zu Diktatoren.
Es fehlen insgesamt positive Berichte über bedeutende Intellektuelle, die der Welt etwas zu sagen haben und erklären, worin das Alleinstellungsmerkmal des Islam besteht. Es fehlen Entwicklungscharts über moderne Fabriken für digitale Technik und ihre Erfinder, über weitere große Wirtschaftskonzerne und über eigene Waffen- und LKW-Produktionsstätten.
Oder kann es solche Berichte gar nicht geben?

Kulturell restringiertes Mittelalter

06.08.2016

Es ist ein schlechter Witz der Geschichte, dass der durchschnittlich vernünftig gewordene Europäer tolerant das kulturell restringierte Mittelalter der Muslime erträgt.
Therapien und Pädagogik für Muslime!! Wozu haben wir Psychiatrien und Schulen?

Islam

11.08.2016

Die Tatsache, dass sehr viele Deutsche die mannigfaltigen kulturell zurückgebliebenen Erscheinungsformen des Islam tolerant oder gedankenlos ertragen, kann nur daran liegen, dass sie im Kulturrelativismus einen Sinn erblicken oder selber „zurückgeblieben" sind.

Paralympics der musulmans (fr)

14.08.2016

Wenn Muslimas in den Medien gefeiert werden, weil sie mit Hijab oder Niqab an olympischen Wettbewerben teilnehmen dürfen, dann sollten wir auch muslimischen Olympioniken zujubeln, die im Trenchcoat rudern, mit Scheuklappen 400m laufen, oder im Neoprenanzug Volleyball spielen.
Das wäre vollends absurdes Theater oder könnte als Paralympics der geistig Behinderten bezeichnet werden, die man gerne wegen ihres Mutes bejubeln darf. Den höchsten Behinderungsgrad bekämen aber Muslimas in Burka beim 50km-Gehen.
Nun gut: Alles braucht seine Zeit.

Burkaverbot und doppelte Staatsbürgerschaft

15.08.2016

Es wird behauptet, dass ein Burkaverbot und ein Verbot der doppelten Staatsbürgerschaft dem Grundgesetz und liberalen Grundsätzen widersprächen. Dafür werden auch Argumente angeführt:
- Kein Doppelpassbesitzer hat sich eines terroristischen Vergehens schuldig gemacht.
Gegenargument: Das wird auch gar nicht behauptet. Das Verbot soll präventiv wirken. Die Überlegung, wie Elternhäuser und weiteres Umfeld gestärkt werden könnten, um jugendliche Amokläufer zu verhindern, hat dasselbe Motiv wie die Abschaffung des Doppelpasses.

- Die Anzahl der Burkaträgerinnen ist zu klein, um dagegen Gesetze zu erlassen.
Gegenargument: Auch die Zahl der Exhibitionisten ist gering, und dennoch ist Exhibitionismus verboten. Eine Jahrhundert alte Sitte und Kultur erträgt nicht alles. Frankreich und Spanien haben bereits wahrscheinlich mit diskutablen Gründen (z.B. Unkenntlichmachung der Identität) das Burkatragen verboten. Sie werden dort auch nicht vorwiegend als potenzielle Terroris(tinn)en verdächtigt. Es ist auch nicht einzusehen, weshalb man Sonderregelungen erlassen muss für Kontrollen dieser Spezies. Videoüberwachung kann auch nicht den Inhalt unter der Vermummung feststellen. Und IS-Barbaren sollen

in Burkas fliehen.
- Den Doppelpass besitzen auch Briten und Israelis. Deren Loyalität kann nicht bezweifelt werden.
Gegenargument: Die Loyalität von Türken unterscheidet sich von anderen nicht-muslimischen Doppelpassträgern. Diese Tatsache erkennt man aus Demonstrationen für Erdogan und Befragungen.
- Die Burka passt in eine liberale Demokratie. Denn diese schützt auch die Rechte von Minderheiten, Spinnern und Sektierern.
Gegenargument: Das ist richtig. Aber „anything goes" sollte auch in einer liberalen Demokratie nicht möglich sein. Wer das behauptet ist ein „WERT-freier" Kulturrelativist.
Allsätze sind zu meiden. Aber sie machen bisweilen doch einen Unterschied klar:"Alle Frauen tragen im X-Staat eine Burka" gegen „Alle Frauen tragen im X-Staat keine Burka". In welchem Staat möchte man leben?
PS Warum wurde Atatürk in Deutschland noch vor Kurzem gelobt?
Man sollte viel mehr vergleichende Fotografien mit Frauengruppen aus Afghanistan, Iran, Syrien und der Türkei vor und nach der irren Islamisierung zeigen.

Integration: Mozart lieben, Sartre verstehen und Popper verehren

16.08.2016

Bevor der Islam über die westliche Welt hereingebrochen ist, und zwar nicht erst mit den Flüchtlingsströmen, war das Thema „Religion" eher Nebensache. Ziemlich plötzlich (nach Tours und Poitiers) kommt da eine Religionsgemeinschaft, glaubt an Allah und das Paradies und zwingt die scheinbar „aufgeklärten" Europäer fortwährend über Religion zu reden, obwohl ihnen die unbezweifelte religiöse Dimension in der cartesischen und kantschen Philosophie verbrannt ist.
Ich bin in der Definition des Islam ein „Kuffar" (Ungläubiger), der „immer strebend sich bemüht", ganz anders also als Islamgläubige, die fixiert auf den Koran das „ewig Gleiche" verehren. Ich bin auch ein „tragischer" Kuffar, weil ich weder an den Osterhasen noch an Allah oder ein anderes höheres regelndes Wesen glaube.
Mich von Allahu-akbar-Brüllaffen abwerten zu lassen, verletzt meinen Stolz. Und meinen Zorn erregen solche „Intellektuellen", die in einem Anfall von Liberalität den Islam in all seinen dämlichen Facetten offenbar rhetorisch eintauschen wollen gegen das weit profundere Christentum und Judentum.

PS Integriert ist ein Muslim dann, wenn er u.a. Mozart liebt, Sartre versteht und Popper verehrt

Lieber IS als tot ?

19.08.2016

Es ist nahezu Konsens, dass der IS, al-Nusra und al-Qaida militärisch besiegt werden müssen. Die Vorstellung, dass deren menschenverachtende Ideologie die Macht erringt, ist ein unerträglicher Horror. Darf aber im Ostteil Aleppos das Ziel der Vernichtung nicht weiter verfolgt werden, weil dabei zu viele Zivilisten getötet und herzzerreißende Schicksale in Bildern verbreitet werden?
Soll man diese Barbaren, die aus Wohngebieten ihre Mörser abfeuern, auch sonst die Zivilbevölkerung als Geiseln nehmen und Fliehende in Versorgungskorridoren erschießen, dort ungeschoren wüten lassen?

Burkini-Verbot in Frankreich gekippt

26.08.2016

Das Burkini-Verbot in einigen Kommunen Südfrankreichs ist vom Obersten Verwaltungsgericht Frankreichs gekippt worden mit der Begründung, dass ein Verbot nur dann gerechtfertigt wäre, wenn es eine **allgemeine Gefahr für die Gesellschaft gäbe**. Da ist aber zu fragen, wieso denn die Burka, die seit 2011 verboten ist, eine solche Gefahr darstellt.
Zu fragen ist auch, ob denn nicht Kinderehen, Vielweiberei oder sogar Steinigungen erlaubt sein müssten, weil dadurch ja keine direkte Gefahr für die Gesellschaft entsteht.

Ein anderes Urteil mit anderer Begründung wäre also vorstellbar gewesen:
Man fordert mit Recht „Null-Toleranz" gegen Kleinkriminalität, um größere Verbrechen zu unterbinden. Genauso könnte man „Null-Toleranz" gegen kleinste kulturfremde und mittelalterliche Ansprüche des Islam fordern, um ein friedliches Zusammenleben zivilisierter Menschen zu garantieren, und um immer weitergehenden Forderungen entgegenzutreten.

Wehret den Anfängen

26.08.2016

Frankreich erlaubt nicht alles, was Muslime wollen. Seit 2011 gibt es ein Burkaverbot, und nun auch in einigen Kommunen der Cote-d´Azur ein Burkiniverbot.
Dagegen protestieren Soziologen und „Tolerante" mit dem Argument, dass „diese Gesetze zu großen Teilen für die Radikalisierung von jungen muslimischen Männern und Frauen verantwortlich" seien.
Offenbar ist nach dieser Meinung „Unterwerfung" (Houellebecq) ungefährlicher.

Burkinis sind verboten, aber Nacktheit nicht. Darin sehen einige Kommentatoren einen Widerspruch, den es aber gar nicht gibt. Denn hinter den Nackten steht keine Ideologie der Vernichtung von Ungläubigen. Und Nackte mit Sprengstoffgürteln sind auch nicht bekannt. Die Burkiniträgerinnen werden dagegen wahrgenommen als Reflex des faschistoiden Islam (Abdel-Samad).

Und wenn vier und mehr Polizisten eine Muslima zwingen, ideologisierte Textilien abzulegen, dann diente das dem Schutz der Polizisten, weil keiner wissen konnte, wie viele Gewalt-bereite musulmans (fr) den Kleiderwechsel verhindern würden.

#hatespeech Sir Winston Churchill

30.08.2016

„Einzelne Muslime mögen großartige Qualitäten aufweisen, aber der Einfluss der Religion lähmt die gesellschaftliche Entwicklung derer, die ihr nachfolgen. Es gibt keine stärker rückschrittliche Kraft auf der Welt. Weit entfernt davon, dem Tod geweiht zu sein, ist der Mohammedanismus ein militanter und bekehrerischer Glaube. Er hat bereits in Zentralafrika gestreut, zieht bei jedem Schritt furchtlose Krieger heran, und wäre nicht das Christentum in den starken Armen der Wissenschaft geborgen, der Wissenschaft, gegen die er (der Islam) vergeblich gekämpft hat, würde die Zivilisation des modernen Europas vielleicht fallen, so wie die Zivilisation des alten Roms gefallen ist." ...

Christian Wulff

„Das Christentum gehört zweifelsfrei zu Deutschland. Das Judentum gehört zweifelsfrei zu Deutschland. Aber der Islam gehört inzwischen auch zu Deutschland".

#hatespeech Karl Marx - islamophob und rechtsextrem

04.09.2016

Karl Marx
... „Der Koran und die auf ihm fußende muselmanische Gesetzgebung reduzieren Geographie und Ethnographie der verschiedenen Völker auf die einfache und bequeme Zweiteilung in Gläubige und Ungläubige. Der Ungläubige ist „harby", d. h. der Feind. Der Islam ächtet die Nation der Ungläubigen und schafft einen Zustand permanenter Feindschaft zwischen Muselmanen und Ungläubigen.

#hatespeech #Kahane #Heiko Maas

12.09.2016

Oriana Fallaci - islamophob?

... „Von wegen extremistische Randgruppen! Von wegen fanatische Minderheit! Millionen über Millionen sind sie, die Fanatiker."...

... „Europa ist nicht mehr Europa, es ist Eurabien, eine Kolonie des Islam, wo die islamische Invasion nicht nur physisch voranschreitet, sondern auch auf geistiger und kultureller Ebene. Unterwürfigkeit gegenüber den Invasoren hat die Demokratie vergiftet, mit offensichtlichen Konsequenzen für die Gedankenfreiheit, und für das Konzept der Freiheit selbst."...

Obergrenze der Toleranz

13.09.2016

Kulturell oder religiös begründeter Kannibalismus wird nicht toleriert. Diskutiert wird, ob man wie in Frankreich die Burkaträgerinnen tolerieren soll. Muss man hinnehmen, dass Kinder und einige Erwachsene Angst haben vor diesen Gespenstern? Dass man nicht genau wissen kann, ob sich dahinter ein Mann, eine Frau oder ein dressierter Menschenaffe versteckt. Das Argument, dass es in Deutschland nur eine sehr geringe Zahl von Burkaträgerinnen gibt, ist nicht sehr stark. Weltweit gibt es sogar nur einen Papst. Der kann zwar nicht verboten, aber doch kritisiert werden. Die geringe Zahl ist momentan wirklich nicht das Problem. Aber wenn man diesen horrenden Unsinn kritik- und kommentarlos toleriert, dann erhöht sich die Zahl sehr schnell.

Eins ist sicher: Wenn sich unter der Burka ein/e Terrorist/in mit Sprengstoffgürtel verbirgt und einen Anschlag verübt, dann spätestens wird dieses symbolische Kleidungsstück verboten.

Leserbrief zu Nicolaus Fest und die AfD

07.10.2016

Sehr geehrter Herr P.,
mit dieser Mail schreibe ich sowohl Ihnen als auch mir.
Sie mögen Nicolaus Fest nicht. Es wäre Ihnen wahrscheinlich lieber, wenn nur Dumpfbacken in der AfD eine Alternative sähen. Nicolaus Fest aber hat wohl das Motto seines Großvaters verinnerlicht:"Etiam si omnes. Ego non!" („Auch wenn alle - Ich nicht!")
Was den Islam betrifft, so vertritt er in Deutschland tatsächlich eine Minderheitenmeinung: Gegen den Totalitarismus des Islam müsse man kämpfen, wie gegen den Kommunismus und den Nationalsozialismus. Insofern kann man auch nicht den Vorwurf erheben, dass „die Religionsfreiheit abgeschafft" werde, wenn Grundgesetz- und Menschenrechtsverletzungen von Islam-immanenten Teilaspekten kritisiert und sanktioniert werden.

Ich komme gerade aus Frankreich zurück. Dort wird ganz anders als in Deutschland über tödliche Ursachen und Konsequenzen des Islam diskutiert.

Nur ein Beispiel. Der „Figaro" zitiert in großen Lettern den früheren Premierminister Francois Fillon: „L´ennemi, c´est le totalitarisme islamique" („Der Feind, - das ist der islamische Totalitarismus").
Es gibt eben auch andere Meinungen weltgeschichtlicher Personen (z.B. Marx, Atatürk) über den Islam als die von deutschen bobos (gleichzeitig boheme und bourgeois) und intellos.
Und hatte Adolf Hitler Unrecht mit seiner Interpretation: „Wir hätten den Mohammedanismus übernommen, diese Lehre der Belohnung des Heldentums"?

Beste Grüße,
Dieter Rakete

Wulff und Merkel - eine Invektive

07.10.2016

Ich werde bei dem Gedanken immer zorniger (-nachdem ich die ganz andere tiefgründigere Islamdebatte in französischen Zeitungen verfolgt habe -), dass ein Party-Bubi , der mit seiner Frau und seinem Haus!, zu den Oberen Zehntausenden gehören wollte, verkündete, „der Islam" gehöre zu Deutschland, und dass eine frühere, auf Sicht fahrende FDJ-Tussy, die keine Kantin oder Popperin, keine Houellebecqin, keine Halbgöttin ist, sondern - auf Senk-Spreiz-Füßen wandelnd - eine Madame „heute so" und „gestern anders", diesen Gedanken willig aufnahm und Deutschland spaltet.
Merkel fällt ihre Entscheidungen ohne erkennbare profundere politische Analysen. Ihre Aussagen schwimmen wie Korken auf Untiefen. Sie bildet logische „Wenn..dann-Sätze", fragt aber nicht nach dem „Warum" der „Wenn"-Bedingung. Beispiel: „Wenn wir nicht freundlich sind zu Flüchtlingen, dann wandere ich aus" (s.u.). Nun: „Warum" sind viele nicht sehr freundlich?

Wir schaffen das
Wenn die Deutschen in Notsituationen kein freundliches Gesicht machen, dann ist das nicht mehr mein Land
Ich habe das absolut sichere Gefühl, dass wir aus dieser zugegeben (die Gute!) komplizierten Phase besser herauskommen werden als wir hineingegangen „sind" (besser:"wurden")
Sie leidet offenbar an politischer Diabetes und steckt viele an: alles wird aus volkspädagogischen Gründen oder aus Gründen des Machterhaltes mit Zucker überzogen.
Wenn die gegenwärtigen „Höllenflüchtlinge" - wie sie und andere behaupten - kein Problem sind, dann muss die Meinung darüber trotzdem politisch berücksichtigt werden.
Und eigentlich hätte auch die Flucht der Deutschen aus dem Osten ein

Lehrstück für Merkels Vorstellung der Aufnahme von Millionen Muslimen sein können. Millionen Deutsche, die wahrhaftig „aus der Hölle des Ostens" kamen, sind im Westen gar nicht mit offenen Armen aufgenommen worden. Ihre Integration war schwierig.

Ja, lüg ich denn?

Putin, Erdogan, IS oder Österreich und Italien?

14.10.2016

Hier geht's um Größenwahn und Machtverzicht:
Putin sieht die größte weltgeschichtliche Katastrophe im Auseinanderbrechen der Sowjetunion.
Erdogan träumt vom großen osmanischen Reich.
Der IS beansprucht den gesamten Herrschaftsbereich der Kalifen nach Mohammed.

Nur Italien verzichtet weise darauf, das Imperium Romanum wiederherzustellen. Und auch Österreich trauert dem Habsburger Vielvölkerstaat nicht nach.

Was würde Jesus dazu sagen?

29.10.2016

EKD-Ratsvorsitzender Bedford-Strohm und Kardinal Marx besuchten die al-Aqsa-Moschee auf dem Tempelberg – ohne Brustkreuz! Ihr Verhalten erinnert stark an die Legende, die mit dem bekannten Zitat: Domine, quo vadis? (Herr, wohin gehst Du?) verbunden ist:
Petrus flieht aus Rom, um dem Märtyrertod zu entgehen. Auf der VIA APPIA erscheint ihm Jesus und er fragt:"Herr, wohin gehst Du?" Jesus antwortet: „Nach Rom um zum zweiten Mal gekreuzigt zu werden". Daraufhin kehrt Petrus um und wird gekreuzigt.
Der Verzicht der beiden christlichen Würdenträger, das Kreuz vor der Moschee zu tragen, ist wahrlich ein abermaliger Verrat an Jesus!

Verschleierte Islamisierung

08.11.2016

Nach veröffentlichter Meinung gibt es in Deutschland keine „Islamisierung". Die Gefahr besteht nicht, und deshalb bedarf es folglich auch keines präventiven Schutzes. Es gibt aber die Gefahr der Radikalisierung, wogegen die Prävention verstärkt werden müsste, - nicht für das radikale Christentum, Judentum oder den Buddhismus, sondern für einen radikalen Islam, der auch vor Terrorakten nicht zurückschreckt, um Ungläubige zum rechten Islam zu bekehren, wohlgemerkt: nicht zu islamisieren, denn „Islamisierung" gibt es nicht.

Aidan Özoguz und die Islamisten

16.11.2016

Wer oder Was verbirgt sich eigentlich hinter dem Begriff „Islamist". Offenbar solche Muslime, die den Koran „falsch" verstehen. Diese hermeneutischen Versager teilen sich in zwei Gruppen. In diejenigen, die den Koran nicht als „Friedenswerk" verstehen, sondern eher als Aufforderung zur aggressiven und mörderischen Ausbreitung ihrer „Religion": die Dschihadisten und die Terroristen, die den „wahren" Islam als barmherzige Religion verraten. Die müssen mit Mitteln des Rechtsstaates bekämpft werden.
Daneben gibt es die Sekte der Salafisten, der „Altforderen", die zurück in die Zukunft wollen. Sie versuchen so zu leben, wie nach Aussagen verschiedener Quellen Mohammed gelebt hat. Das sind mehr arme als gefährliche Irre, die mit den Amish vor allem in Pennsylvania verglichen werden können. Allerdings sind die Grenzen zu Dschihadisten fließend.

Nun glaubt die Migrationsbeauftragte Özoguz davor warnen zu müssen, die Salafisten zu verärgern, so dass auch einige von ihnen zu Dschihadisten oder sogar Terroristen mutieren könnten. Diese Warnung wird sie als Migrationsbeauftragte als ihre Pflicht angesehen haben. Aber „Samthandschuhe" selbst „nur" gegen missionsextreme Salafisten sind keine falsch verstandene Toleranz, sondern Dummheit. Trotzdem ist der Empörungstsunami wegen dieser missverstandenen Pflichterfüllung übertrieben.

Ich könnte mich irren

Geachtete und verachtete Multikulturalität

24.11.2016

In den Medien wird „aus gegebenem Anlass" „Multikulturalität" in den höchsten Tönen gelobt. Und wahrlich: Nur ganz rechte Blödis können gegen gelungene Multikulturalität Angst schüren oder Wut entwickeln. Aber diese Form des weltbürgerlichen, friedlichen Multikulti mit maßvoller deutscher Leitkultur zu lieben und zu achten und gegen den politischen und fundamentalistischen Islam zu sein, der diese Multikulturalität verachtet und beschmutzt, sind zwei verschiedene Dinge.

AfD und Rechtsruck

AfD-Parteitag

02.05.2016

Es gibt in den Medien gewiss Archive, in denen man Unterlagen über erste Parteitage der Grünen finden kann. Dann könnten beide „jungen" Parteien gut verglichen werden.
Die Kommentare zum AfD-Parteitag und dem Grundsatzprogramm konstruieren zum Teil Vorwürfe, damit das einmal vorgefasste Bild weiterhin gültig bleiben kann.
Für Ralf Stegner, nicht gerade ein SPD-Popper oder Max-Weber-Schüler, ist die AfD eine Partei „von gestern".
Für Andrea Seibel - in einem WELT-Kommentar - bleibt sie eine Partei des Tabubruches, der Provokation, der Irritation und der Aversion, die glaubt, in einer globalisierten Welt gäbe es die totale Selbstgenügsamkeit und eine Verschonung von den Unbilden der Welt. Abgesehen davon, dass einige Punkte in dieser Analyse aus der Luft gegriffen scheinen, ist die Deutung eines Tabubruches genau richtig, aber für viele sehr schmerzhaft. Denn „weg vom links-rot-grün verseuchten 68er-Deutschland, von dem wir die Nase voll haben" (Meuthen), ist wahrlich ein „Tabubruch" und eine ehrliche Formulierung der „Aversion".
Für welche Standpunkte will die AfD gewählt werden?:
Sie ist islamkritisch, wie viele andere Personen der Weltgeschichte. Die Formulierung „Der Islam gehört nicht zu Deutschland" ist überzogen, da offenbar nur der „politische Islam" mit seinen absurden Machtansprüchen gemeint ist. „Rechtstreue Muslime", die ihre Religion individuell leben, sind von der Aussage gar nicht betroffen. Das Verbot der Vollverschleierung wird auch von Teilen der „Altparteien" gefordert. Der fünfmalige Muezzinruf, von Lautsprechern - wie in islamischen Diktaturen - verstärkt von einem Minarett aus, ist eine Zumutung für deutsche Städte.
Die AfD ist nicht generell, wie behauptet, „gegen Flüchtlinge", sondern für Kontrollen, für eine starke Reduktion und für Selektion bereits in den „Herkunftsländern", - ebenfalls eine Forderung von „Altparteien.
Bei Bedarf sollen zum Schutz der deutschen Grenzen auch Zäune errichtet werden, wie in fast allen europäischen Ländern, solange Schengen versagt.
Die AfD ist gegen die EU in ihrer jetzigen zentralistischen Form wie viele andere auch, angefangen bei de Gaulle und Thatcher bis zu Cameron. Wenn die „Altparteien" alle diese Themen verdrängen, wird die Afd für mich wählbar.

Linksrechtsrechtslinks

09.05.2016

Bist Du ein Linksintellektueller, bist Du ein Mensch.
Bist Du ein Rechtsintellektueller, bist Du ein Arsch!
Die Rechtpopulisten zerstören die Welt.
Die Linkspopulisten gibt es nicht!

Das Gewissen im Mainstream

10.05.2016

Thomas von Aquin sagte:
„Man muss immer auf sein Gewissen hören".

Ich fühle mich durch CSU und AfD gut vertreten und habe keine Angst, nicht zum diffamierenden linksdrehenden Mainstream zu gehören.

„Aber man darf nicht glauben, dass es sich nicht irren kann".

Wir werden sehen!

Rechtes AfD-Netzwerk in den USA

19.05.2016

Und Schäuble sagt im Mai 2016, dass die Bewältigung der Flüchtlingskrise weit über 90 Milliarden Euro kosten wird.
Marcel Fratzscher, SPD nah und Leiter des DIW, errechnet dagegen positive Werte für die Völkerwanderung.
Es gab eine NSA-Hysterie in Deutschland. Man empörte sich, dass Spione spionieren.
Auch Merkel, die Gute, mit ihrer Vorliebe für moralische Imperative war gar nicht amüsiert: „Freunde abhören geht gar nicht". Allmählich beschleicht mich der Verdacht, dass Angela nur einseitig gebildet ist.
Die USA sind „erstaunt", dass Deutschkenntnisse erst jetzt für die Integration verpflichtend sein sollen. In den USA nämlich müssen Kenntnisse in der Landessprache durch Tests schon lange nachgewiesen werden.
Die Grünen in ihrem schrankenlosen Multikultiwahn sahen in der Vergangenheit diese Verpflichtung sogar als „Zwangsgermanisierung" an.
Die Bundesregierung - und mit ihr alle Gutmenschen - sahen es als wenig wahrscheinlich an, dass Terroristen als Flüchtlinge getarnt nach Deutschland und Europa kämen. Die USA sehen diese Verbindung realpolitisch und inkorrekt schon lange als gegeben an.

Die USA sind „erstaunt", dass Hunderttausende unregistriert nach Deutschland kommen konnten.
Kann es sein, dass die AfD ein rechtes Netzwerk bis in die USA aufgebaut hat?

Der Senf von Kretschmann

22.05.2016

Auch unser deutscher Lieblingsgrüner aus Baden-Württemberg, Winfried Kretschmann, wird in der WamS vom 22.5. 2016 mal wieder nach seiner Meinung gefragt. Er weiß, wie sich die Wähler der AfD zusammensetzen: Fremdenfeinde, vormals Politikferne und europakritische Gruppen, die vom alten Nationalstaat träumen und Angst haben vor der Globalisierung.
Ich bin (noch) kein Wähler der AfD, glaube aber, diese Partei verteidigen zu müssen gegen unfaire Kritik. Es gibt natürlich auch faire Kritik gegen Dumpfbacken und Irrlichter in der AfD.
Ich gehöre zu keiner dieser Gruppen, bin zwar europakritisch, träume aber von keinem alten Nationalstaat und habe keine Angst vor der Globalisierung. Ich träume eher von einem europäischen Staatenbund, eingebettet in sinnvolle europäische Institutionen.
Drei Gruppen, und zwar die wichtigsten, erwähnt Kretschmann gar nicht, bzw. nur mit einer problematischen Aussage. Ich bin islamkritisch, eurokritisch und skeptisch bezüglich der Integration von kulturfremden Massen. Welche Partei bietet dieser Meinung eine „Heimat"? Und Kretschmanns Behauptung, dass „das Flüchtlingsproblem nicht dadurch zu lösen (ist), dass man nur auf Rechtsgrundsätzen pocht", ist mehr als ein starkes Stück. Auch mit seiner Meinung, dass man die Grünen in ihrer Frühphase nicht mit der „Selbstfindung" der AfD vergleichen kann, weil die Grünen eine neue Idee in die Politik gebracht haben: „Natur als Politik", verdrängt er, dass anfänglich viele linke bis kommunistische Gruppen und verantwortungsloser Pazifismus sowie viele weitere abartige Ideen wie Freigabe von Sex mit Kindern die junge grüne Partei zur Lachnummer machten.

Tollerantes (sic), choloriertes Deutschland

22.05.2016

Da gibt es wieder eine Fülle von politisch interessanten Analysen in der WamS vom 22.05.2016.
Dirk Schümer sonnt sich diesmal leider auf zwei Seiten im Wortgeklingel seiner vorurteilsbeladenen Meinung.
Deutschland sei ein „einig Retroland", meistens ersehnt vom „großen Lümmel", dem Volk, welches durchschnittlich arm im Geiste ist. Mit vielen

Worten wird erklärt, dass die „Eliten", z.B. er, ein Gegenbild im Kopfe haben: Deutschland als toleranten Multikultistaat, wo der gefühlte „Kuddelmuddel" und der schmerzhafte Spagat zwischen Moderne und Tradition, den die Globalisierung zwangsläufig mit sich bringt, klaglos ertragen wird: der Atomausstieg mit den Windrädern, eine europäische Spezialität der Deutschen (EU-Institutionen schlagen das Gegenteil vor), die Gesamtschule (die nichts verbessert hat), Frauenquoten, Europhilie, Geschwindigkeitslimits, Multikulti und massenhafte Zuwanderung, (die bisher unbeherrscht ein gewaltiges Chaos in Deutschland angerichtet hat).

Und wie kann es anders sein in den gegenwärtigen politischen Analysen: „Gerade die AfD... ist förmlich besessen von der alten Bundesrepublik". Sie will partout nicht Schümers Vorstellung akzeptieren, dass „die Politik ... auch in Deutschland so vielfältig und bunt werden (wird) wie die restliche (sic) Gesellschaft".

Maßvoller Multikulturalismus wird leider zerstört durch fanatische Islamgläubige.

AfD will Maas und Mazyek den Kopf abschneiden!

23.05.2016

Ich wähle die „rechtspopulistische" AfD,
weil sich dort „Nazis" und „Rassisten" tummeln,
weil ich mich unter „Pack" und „nationalistischen Dumpfbacken" wohl fühle,
weil sie nicht die „Komplexität" der gegenwärtigen Probleme anerkennt,
weil sie den „sozialen Frieden stört",
weil diese Partei „Gräben aufreißt",
weil sie „Solidarität und Barmherzigkeit" vermissen lässt,
weil sie „Flüchtlinge, die aus der Hölle kommen", registrieren will,
weil sie gegenüber „LGBTTQ" (Lesbian, Gay, Bisexual, Transsexual, Transgender, Intersex) nicht lieb ist,
weil sie „Ängste schürt",
weil sie ein geplantes zentralistisches „Europa zerstört",
weil sie „islamkritisch bis islamophob" ist,
weil sie zweifelt, dass die „Integration" der massenhaften islamischen Zuwanderer gelingt,
weil sie für nationale Grenzen ist, solange die Schengengrenzen löcherig sind,
und weil sie Heiko Maas und Aiman Mazyek den Kopf abschneiden will.
Achtung: Es könnte sich um Satire handeln.

Gelenkte Meinung der Ängstlichen

24.05.2016

Welche Folgerung ziehen Politologen und Parteienforscher aus der Tatsache, dass weit mehr als 15 Prozent (konkretes Wahlergebnis der AfD) der Deutschen eine positive Meinung über die AfD haben, diese Partei aber doch nicht wählen?
Rechts zu wählen wird zur Volksseuche. Die kann nur ein Aufstand der anständigen Linken heilen.

Zwei Schlachtordnungen: böse Doofe vs. gute Progressive

25.05.2016

Nach der Bundespräsidentenwahl in Österreich überschlagen sich die Analysen. Ein Grundmodell ist bei Gegnern der FPÖ überall erkennbar. Es treffen dabei zwei ganz unterschiedliche Schlachtreihen aufeinander. Exemplarisch für alle Bewertungen ist ein Kommentar in der WELT vom 25.05.2016:

Es stehen sich gegenüber „Land gegen Stadt, Männer stehen gegen Frauen, arm steht gegen reich, weniger gebildet steht gegen besser ausgebildet...Abschließungskultur gegen Willkommenskultur".

In diesem Kommentar bleibt unerwähnt das eminent wichtige Gegensatzpaar: **richtig gegen falsch.**

Als politisch notwendige Lösung für Österreich und letztlich für viele europäische Staaten wird empfohlen, die armen im Geiste zu versöhnen mit einer „liberalen Wirtschafts-, Gesellschafts-, Sozial- und Flüchtlingspolitik" sowie mit den „besser Gebildeten, den mehr Verdienenden, den Genderoffenen, den Nachhaltigkeitsfans".

Bei einem Verhältnis von 50:50 oder auch 70:30 gibt es eine andere wirkungsvolle Harmonisierung der Gegensätze. Verantwortungsvolle Politik muss sich auf das Prinzip der utilitaristischen Ethik besinnen, das abzielt auf das „größtmögliche Glück der größtmöglichen Zahl". Dieses Prinzip könnte erfolgversprechend angewendet werden, wenn nur zwei Bedingungen erfüllt wären: eine kompetente Einschätzung des Islam und eine staatliche realistische Flüchtlingspolitik ohne individualethische Überbewertungen der Frau Angela Dorothea Merkel, geborene Kasner.

PS Die Kämpfer in der Schlachtordnung der gegenwärtigen linken Meinungsphalanx von Augstein über Göring-Eckardt und Claudia Roth bis zu Ypsilanti wirken eher wie Kasper, unterstützt von allen gleichgeschalteten Parteien im Bundestag. Es bleibt zu hoffen, dass konservative Denker ihre

Theorien zur gelingenden gesellschaftlichen Entwicklung in Zukunft ein wenig mehr einbringen können: Edmund Burke, Arnold Gehlen, Ernst Jünger, Ernst Nolte, Günter Rohrmoser, Helmut Schelsky, Leopold von Ranke ---- Alexander Gauland und in der Flüchtlingskrise Udo di Fabio.

AfD „aufgehoben" in anderen Parteien

30.05.2016

Die AfD wird verschwinden, wenn sie in dialektischer Bedeutung des Begriffes in den anderen Parteien „aufgehoben" wird/ist.
„Aufgehoben" im dreifachen Sinne:
„beseitigt" - „bewahrt" - „auf eine höhere Ebene gehoben"(ohne eklige Begleiterscheinungen wie z.B. Rassismus).

Wenn nicht, dann wird sie bleiben mit ihren Kernaussagen zur Flüchtlingspolitik und zum Islam.

Pest oder Cholera

30.05.2016

Wenn Deutschland bis zu den nächsten Wahlen nicht aus dem Krisenmodus herausfindet, dann müsste ich mich zwischen Pest und Cholera entscheiden: entweder Nichtwähler zu werden oder die AfD zu wählen. Gegenwärtig würde ich sie wählen, weil ich glaube, dass sie das kleinere Übel ist.
Sie kämpft gegen die Einheitsmeinung der im Bundestag vertretenen Parteien zur Flüchtlingspolitik (ein paar Schlachten hat die AfD auf diesem Gebiet ja schon gewonnen) und zur undifferenziert positiven Einstellung gegenüber „dem Islam". Daneben sehe ich akzeptable Einstellungen zur Familien- und Genderpolitik sowie Zurückhaltung bei unterschiedlichen sexuellen Orientierungen. Ihren Horror vor zentralen Beschlüssen aus Brüssel kann ich nachempfinden. Auch die Weigerung, in Putin und Russland Mächte des Bösen zu sehen, könnte ich unterstützen. Die unfaire und vorurteilsbeladene Diffamierung der AfD in einigen Medien erregt meinen Zorn.

Meinungen aus der AfD zu TTIP, zu den angeblichen „Kriegstreibern" in den USA und das Verderben teutonischer Sitten und Gebräuche zu beklagen, halte ich für wenig durchdacht. Ihr Misstrauen gegen die repräsentative Demokratie erscheint mir überzogen. Vor allem aber finde ich rassistische Ausfälle schandhaft.
Kurzum: Es gibt einige Äußerungen der AfD- Funktionäre und -Mitglieder, die mich bei dieser Partei an Pest oder Cholera erinnern.

Die AfD spielt Dr.Jekyll und Mister Hyde

31.05.2016

Eine noch gar nicht ganz verifizierte diskriminierende Äußerung von Alexander Gauland über Boateng provoziert Interpretationen, die an die Superhirne von Schachweltmeistern wie Boris Spasski und Garri Kasparow oder an Billardkünstler, die über mehrere Banden spielen, erinnern:

Die AfD macht in ihrem Aufbruch nach ganz Rechts unmerklich zwei Schritte vor und einen zurück.
Gauland spielt mit dem Gefühl der Mieter, die sich „ausgeliefert" fühlen.
Die AfD ist die „Partei des destruktiven Neides (auf Eliten, zu denen auch Boateng gehört), der vergifteten Enttäuschung über die Brutalität des Leistungsdruckes".
Gauland sagt (unglaublich schlau) nicht, dass er selber Boateng nicht als Nachbarn haben wolle. Dafür benutzt er „sein" Volk, die Deutschen, die solche Nachbarschaft angeblich eher nicht wollen.
Gauland als „angenehm eitler Mensch" fällt in seiner Stilisierung als Gentleman und intellektueller Feingeist „weit hinter Richard von Weizsäcker und Walther Leisler Kiep zurück".

Gauland, diese alte Pfeife, zeigte endlich sein wahres Gesicht, das wir, die vorurteilslosen Journalisten, schon immer gesehen haben.
Das musste auch noch mal gesagt werden!

Rache ist süß

01.06.2016

Bist Du nicht meiner Meinung, dann mach ich Dich fertig! Mir geht es z.B. genauso mit der moralistischen, irren Claudia Roth und der plattfüßigen Merkel mit ihrer Raute und mit ihrem scheinbar unübertrefflichen Physiker-Verstand (Wie sehr sogar Nobelpreisträger der Physik irren können, sei an Lenard und Stark erinnert, die die Nazis unterstützten)
Journalisten „befragen" AfD-Politiker nicht, sondern „verhören" sie wie Kriminelle. Jede sprachliche Ungenauigkeit, - häufig ein Produkt voreingenommener Inquisitoren (z.B. Petrys „Schießbefehl") -, wird als schuldhafte Entlarvung skandalisiert. Wahrscheinlich ist auch Gauland in eine plumpe Falle getappt.

Redde rationem: „Gib Rechenschaft"

03.06.2016

Eine wichtige lateinische Lebensmaxime lautet: „Redde rationem", übersetzt: „Gib Rechenschaft", und zwar über das, was Du behauptest.
Die riesige Schar von deutschen Meinungsmachern (zu anderen Ländern gibt es große Unterschiede) wie Journalisten, Politologen, Gewalt-, Bildungs-, Frauen-, Extremismus-, Demokratie- und Migrationsforscher, die die aktuelle Europa- und Flüchtlingspolitik in höchsten Tönen loben und mit ihren Aktivitäten bestens alimentiert werden, kann gar nicht anders, den Widerspruch und die Kritik dagegen als nationalistisch, rassistisch und extremistisch zu denunzieren.
Wenn dafür gute Argumente gefunden würden, dann würde das die Wohlmeinenden zum Nachdenken zwingen. Nicht aber, wenn Gauland satirisch als Satiriker bezeichnet, das Verhältnis von Petry und Pretzell depravierend beschrieben wird, und viel schlimmer noch: wenn geistige und moralische Schwergewichte wie der Dalai Lama oder Udo di Fabio nur in Nebensätzen erwähnt werden, Claudia und Katrin aber ganze Zeitungsseiten füllen und Merkel nur Allgemeinplätze unters Volk bringt.

Kreuzberg ist (nicht) überall

04.06.2016

Zu Gauland/Boateng will der bekannte WELT-Journalist Alan Posener in einem Essay (04.06.2016) „klar" etwas sagen. Das hört sich so an:
„Zuwanderung bringt Probleme..." Das ist immerhin schon einmal ein Zugeständnis, das ihm in der Vergangenheit gar nicht so „klar" war. Es geht weiter: „...So wie Abschottung Probleme bringt". Das musste er an dieser Stelle auf jeden Fall unterbringen. Die Gleichsetzung von Problemen der „Zuwanderung" und der „Abschottung" ist aber nicht gerechtfertigt, besonders dann nicht, wenn die Probleme der Abschottung nicht „klar" benannt werden.
Weiter geht's: „Es ist nicht rassistisch, über die Frage der Qualifizierung und Integration von Zuwanderern zu diskutieren, auf die mögliche Belastung der Sozialsysteme und Schulen, des Wohnungs- und Arbeitsmarkts hinzuweisen". Das gestörte „Heimatgefühl" der Einheimischen dürfe man aber nicht erwähnen - seiner Meinung nach!
Meine Meinung hat sich nach mannigfaltigen Analysen und Interpretationen in den verschiedensten Medien zum Komplex Gauland/Boateng wie folgt gebildet:
Im Gespräch mit den beiden Journalisten der FAS, die Gauland übereifrig, aber verzeihlich „die Maske des Biedermanns vom Gesicht reißen" wollten (WELT), ging es um den „Zustrom raum- und kulturfremder Menschen" (Gauland), und was dieser Zustrom mit dem „Heimatgefühl" der

Einheimischen anstellen würde. Mit „Zustrom" seien zunächst allein muslimischen Zuwanderer in zu großer Zahl gemeint gewesen (Gauland). Wieso bei diesem Thema die Journalisten den Namen „Boateng" erwähnt haben, der Christ und Deutscher ist, bleibt deren sehr dunkles Geheimnis. Gauland hat zugegeben, dass Boateng überhaupt kein Beispiel für seine Meinung gewesen sei. In dieser Gesprächsführung eine Falle zu vermuten, ist nicht abwegig. Da darf man getrost **Lessing zitieren: „Schon wieder rennt der Zorn mit dem Verstand davon".**

Wenn Gauland gesagt hätte: „Ich möchte nicht in Kreuzberg leben. Deutschland ist kein arabisches Land (Dalai Lama). Es ist falsch, Gettos zuzulassen (CSU/CDU/SPD). Aber ich mag einzelne und kleine Gruppen von Muslimen mit ihrer Kultur sehr gerne", dann hätte ich ihm zugestimmt.

AfD - ein Segen für Deutschland

13.06.2016

Deutschland kann froh sein, dass es die AfD gibt, eine gemäßigt rechtskonservative Partei mit ein paar Ausrutschern nach unerträglich rechts. Andernfalls wäre die NPD durch Merkels absurde Politik in der Migrantenfrage stark geworden

Vor der Tat kommt das Wort

13.06.2016

Es wird behauptet, dass die AfD durch das Aussprechen ihrer Kritik Schuld sei am kriminellen Terror der Rechtsradikalen.
Wenn das zutreffend sein soll, dann müsste auch Karl Marx schuld sein an stalinistischen Massenmorden, und Richard Wagner müsste teilverantwortlich sein für die Menschheitsverbrechen der Nazis.

Keine Wirkung ohne Ursache

16.06.2016

Eine Studie der Uni Leipzig scheint nachgewiesen zu haben, dass die Deutschen rechtslastiger geworden sind. Diese Grundstimmung ist nicht vom Himmel gefallen. Es gibt nämlich keine Wirkung ohne Ursache (Kausalitätsgesetz). Die Ursache für das Abdriften nach rechts liegt eindeutig an zwei Elementen der Berliner Politik: An der realen, aber unglaublich dämlichen Aussage „Der Islam gehört zu Deutschland" und an der übersteigerten, aber begründeten Wahrnehmung der Bürger, dass jeder, der es nach Deutschland geschafft hat, hier als „willkommen" begrüßt wird.

Da hat Deutschland nun dank Merkel im Inland ein leidenschaftlich umstrittenes Alleinstellungsmerkmal, welches bei vielen unserer Nachbarn entsetztes Kopfschütteln auslöst.

Argumente in Vergangenheit und Gegenwart

28.08.2016

Der „Erfolg" entscheidet über die Güte einer Argumentation, einer Meinung, einer Idee und - natürlich nur in langen zeitlichen Linien - über die „historische Wahrheit". Man kann sich in der Gegenwart die Köpfe heiß reden über ein Thema, aber erst die Konsequenzen in der Zukunft entscheiden, welchem Kopf man hätte folgen sollen.
Und mit der Frage, die auf die Vergangenheit zielt: „Wie hieltest Du es mit..."? kann in gleicher Weise über die intellektuelle und prognostische Leistungsfähigkeit einer Person geurteilt werden.
Also: „Wie hieltest Du es mit der Westbindung, mit den 68-ern, mit der Nachrüstung, mit der Äquidistanz West-Ost und der geplanten Abschaffung der Zentralstelle Salzgitter für DDR-Unrecht, mit der Wiedervereinigung, mit dem Atomausstieg und den erneuerbaren Energien, mit Merkels Flüchtlingspolitik"? Oder: „Welchen Analysen der Syrienpolitik folgst Du"?

Der Fuchs im Hühnerstall

06.09.2016

Reaktionen von Politikern und Journalisten erinnern mich an gackernde Hühner, die der Fuchs jagt.
Tina Hassel „versteht" in der Runde der Generalsekretäre nach der MV-Wahl das Befremden der Zuschauer, dass kein AfD-Vertreter teilnehme, tröstet dann aber damit, dass man über die AfD reden werde. Tina, Tina!
Medien berichteten genüsslich, dass Claudia Roth einen AfD-Politiker wegen übler Nachrede verklagt habe, verschweigen aber später, dass die Klage abgewiesen wurde.
Die WELT bringt auf der ersten Seite ein entstellendes Bild von Frauke Petry.
Angela Merkel gibt im fernen China zu, dass das Wahlergebnis in MV „natürlich... etwas mit der Flüchtlingspolitik zu tun" habe.

Heribert Prantl („Süddeutsche") lobt die angeblich richtige Flüchtlingspolitik der Kanzlerin und die klare Linie, obwohl auch er erkennt, dass ihre Regierung mit der verschärften Asylgesetzgebung genau das Gegenteil macht. Eine hervorragende Analyse von Robin Alexander (WELT vom 06.09.2016) beweist, wie absurd die Meinung der „Süddeutschen" ist:
„Die Kombination von real geschlossener Grenze und der Rhetorik des besseren Deutschen ist kein schwarz-grünes Phänomen. Viele ... ticken so.... Wenn eine Grenze doch offensichtlich zu schließen ist, warum wird weiter offensiv das Gegenteil behauptet?"

Desweiteren wird vermutet, dass Wähler die Grünen und die SPD wählen, weil die CDU in der Migrantenfrage unklare Positionen vertritt.
Sigmar Gabriel wirft Merkel Fehler vor, die die AfD lange vor ihm formuliert hat.
Nur Altmaier verkündet trotz Spaltung und Chaos in Deutschland Friede, Freude, Eierkuchen; alles sei richtig entschieden!
Die Parteien unterstellen der AfD aus taktischer Rhetorik, sie sei eine substanzlose Protestpartei, obwohl sie deren Parteiprogramm bekämpfen.
Andererseits aber braucht Merkel „eine neue Antwort auf die AfD" und „Jammern über die AfD ist naiv".

Da ist sie nun mit ganzer Wucht: „Die Neue Unübersichtlichkeit" (Habermas). Aber von einem metaphysischen Standpunkt aus besteht doch weiter die Sehnsucht nach „richtig" und „wahr".

Alternativen für Deutschland

09.09.2016

Laut Hegel ist der Weltgeist nach seinen schwindelerregenden, dialektischen Spiralen im (preußischen) Staat zur Ruhe gekommen - das glaubt offenbar auch Rot-Rot-Grün.
In einer Koalition aus Rot-Rot-Grün blitzt dieser Gedanke wieder auf, da mit dieser Farbkombination ein alternativloser, kämpferischer Etatismus regieren würde. Der Mensch als solcher kann sich nicht selber helfen. Er ist defizitär, schwach und krank. Sowohl Brot als auch Spiele müssen für ihn in Jahresplänen organisiert werden, sonst kommt er auf dumme Gedanken.
Trial-and-Error-Methoden mit Kreativität und Verantwortung nützen allein den Reichen.
Nur wir Begnadeten wissen, wie der Staat den Armen und Beladenen helfen kann.
Diese kontinental-europäische Mentalität könnte nur ein neu erweckter liberaler „Heiliger" bekämpfen, der seine Ahnen wie z.B. John Stuart Mill, Immanuel Kant oder Karl-Raimund Popper sehr gut kennt.

Die Afd (Alternative für Deutschland) hat es bisher nur geschafft, den linken populistischen Weltgeist zu beunruhigen und zu ärgern. Immerhin ist das ein Anfang.

Links geht´s ins Paradies

10.09.2016

Die Deutschen sind an freiheitliche Ideen weniger interessiert als an Gleichheit, und an eigenverantwortliches Handeln sind viele nicht mehr gewöhnt. Ihr Sozialstaat darf nicht beschnitten werden. Sie wollen lieb und pazifistisch sein, allen helfen und ihnen wird übel beim Begriff „Rechts". Da können sie nur Pauschalurteile stottern.

Den AfD-Anhängern wird Ablehnung und „Angst vor Ausländern" unterstellt, und dann werden diese „Ausländer" nur als Muslime definiert. Das sei „schäbig, unanständig, unmenschlich, unmoralisch". Maas und Kahane mögen das gar nicht.
Einige Thesen der AfD gefallen mir, vor allem jene, die die Etablierten zwangsläufig nachplappern. Andere gefallen mir nicht. Ich beanspruche aber auch für mich, den politischen Diskurs, Vernunft, Weltoffenheit und Anstand zu verteidigen. „Angst" vor „Ausländern", die westliche Werte leben, haben die meisten AfD-Anhänger gar nicht. Und „Angst" vor Muslimen dürfte zurzeit tatsächlich übertrieben sein. Aber gegen den bereits eingeführten Schwachsinn, den einige Anhänger des Islam verbreiten wollen, darf man gerne aufbegehren.

Und Orban sprach

08.10.2016

„Wir wollen von Brüssel nicht gezwungen werden, Menschen aufzunehmen, mit denen wir nicht zusammenleben wollen" und a.a.O. „die auch nicht bei uns bleiben wollen".
Das ist keine christliche Ethik. Es ist eine egoistisch-schützende Basismoral mit utilitaristischen Elementen. Denn Orban begründet seine Meinung mit der Feststellung, dass Ungarn keine Verhältnisse wolle wie in Frankreich oder Deutschland.
Wo steckt der Fehler?

Houellebecq und die Linke

09.10.2016

Houellebecq, dem in diesem Jahr von der F.A.Z. der Frank-Schirrmacher-Preis verliehen wurde, und der zu diesem Anlass eine mutige Rede hielt, hat sich „von der Linken emanzipiert", der er u.a. vorwirft, ein Staats-Matriarchat errichtet zu haben, das die Menschen in organisierter Verantwortungslosigkeit ohne Kreativität und ohne jegliches Risiko gefangen hält, und Abweichungen von der „political correctness" scharf sanktioniert.

Er hätte hinzufügen können, dass im besten Falle die dafür Zuständigen eine Mixtur aus gestaltungssüchtigen Machiavellisten und mitleidigen Mutter Theresas sind, im schlechtesten Fall nur Schwesig, Maas u.a.

Ich will eine Partei wählen...

10.10.2016

Mich interessieren nur wenig die mehr oder weniger klugen Analysen zur Parteienbindung und Politikverdrossenheit, die frommen Wünsche für Deutschland oder die „Volksverdrossenheit" der „Eliten".
Ich will die Möglichkeit haben, eine Partei zu wählen, die islamkritisch ist, wie es bedeutende Personen der Weltgeschichte waren/sind,
die in Muslimen nicht nur friedliche Moscheegänger sieht,
die Europa als Staatenbund mit „flexibler Solidarität" will,
die Deutschland nicht verachtet und gerne unsere Nationalhymne singt,
die Integrationsfähigkeit nicht überspannt,
die individuelles Mitleid nicht gegen Achtung der Gesetze ausspielt,
die Fehler der Vergangenheit zugibt und sie nicht mit gegenteiligen Gesetzen zu übertünchen versucht, die „Pack", „Pöbel", „Rechte" , „Nazis", „Fremdenfeinde" und „Rassisten" schon lange forderten,
die Merkel nicht als Halbgöttin verehrt, sondern etwa so sieht wie Orban und Kaczynski, nämlich als „Zauberlehrling", der seinen Zauber nicht mehr beherrscht.
Und zu demonstrieren, wenn die etablierten Parteien diesen Wunsch nicht verstehen, ist legitim.

Toleranz

11.10.2016

Von Kurt Sontheimer, aus „ZEIT ONLINE", 11.Jan.1974

Wir sehen uns heute einer geistigen Situation gegenüber, in welcher die Idee der Toleranz an Überzeugungskraft eingebüßt zu haben scheint. Sinn und Plausibilität des Toleranzgedankens sind selbst in den auf Freiheitsrechten basierenden politischen Ordnungen zweifelhaft geworden, seit Herbert Marcuse den an sich absurden Begriff von der „repressiven Toleranz" in die Debatte warf und sogar Beifall dafür erhielt. Absurd ist die Marcusesche Kombination von Toleranz und Repression deshalb, weil Toleranz ja gerade das Gegenteil von Repression, d. h. Unterdrückung, will; eine repressive Toleranz beruht also entweder auf einem Mißbrauch der Toleranzidee oder auf einer fehlerhaften, mißbräuchlichen Terminologie.

Aber nicht nur der überkommene Begriff der Toleranz wird unter den heutigen gesellschaftlichen und ökonomischen Bedingungen demokratischer Industriegesellschaften in Frage gestellt, zugleich wird im Verhältnis von Individuen und Gruppen die Intoleranz immer spürbarer. Die aus dem Geist liberaler Toleranz entwickelten Regeln des sozialen Umgangs sind zumindest in einigen Bereichen des öffentlichen Lebens deutlich aufgeweicht worden; am stärksten dort, wo ein Konsensus über die Ziele und Wertorientierungen einer Institution nur noch mit großer Mühe aufrechterhalten werden kann. Dies gilt zuvörderst für den akademischen Bereich, wo der mit dem Toleranzgedanken verbundene wissenschaftliche Pluralismus der Methoden und Lehrmeinungen nicht mehr von allen Seiten respektiert und toleriert wird; dies gilt nicht minder für innerparteiliche Auseinandersetzungen, in denen der Geist toleranter Auseinandersetzung mehr und mehr vermißt wird; dies gilt schließlich für die gesamte Gesellschaft der Bundesrepublik, die unsicher geworden ist, wie weit ihre Toleranz gegenüber Nonkonformisten gehen darf und die in ihrem Bemühen, Reichweite und Grenzen ihrer Toleranz zu bestimmen, unsicher schwankt, wie die Diskussion um den „Radikalen-Erlaß" zeigt.

Was aber ist Toleranz? Wenn wir von jemandem sagen, er sei tolerant, so meinen wir damit in aller Regel das Verhalten eines Menschen, der seine Mitmenschen gutwillig gewähren läßt, sie in ihrem Tun und Denken nicht einschränkt. Bei dieser landläufigen Vorstellung von Toleranz geht jedoch etwas vom ursprünglichen Sinn des Begriffes verloren. Denn tolerieren bedeutet ja nicht so sehr gewähren lassen, als vielmehr ertragen, dulden. Ich muß einen anderen Menschen oder, wenn wir von sozialen Gruppen sprechen, eine andere Gruppe nur dann ertragen, wenn ich nicht mit ihm oder ihr übereinstimme. Wenn ich etwas ohnehin billige, bedarf es nicht der Toleranz. Zum Tolerantsein gehört also begriffsnotwendig eine Art von Mißbilligung dessen, was einer tut oder denkt. Toleranz ist eine Tugend, ein moralisches Verhalten, und zur Idee der Tugend gehört unabdingbar, daß sie nicht die bloße Folge unserer natürlichen Neigungen, sondern das Ergebnis einer moralischen Anstrengung ist. Tolerant sein bedeutet also, sich mit etwas abfinden, obwohl es einem gegen den Strich geht.

Zwei Fragen dazu:

Muss man gegenüber der Merkelschen Politik tolerant sein?
Muss man gegenüber den Dresdner Demonstranten aller Schattierungen tolerant sein?

Die bösen Bürger und die AfD

21.10.2016

Thomas Schmid macht sich in einem Leitartikel in der WELT vom 21.10.2016 Sorgen über ein „enthemmtes Bürgertum". Das Ende von Takt, Anstand und Selbstbeherrschung bedrohe die Gesellschaft. Der Ton werde „rauer - nicht selten triumphiert die Rücksichtslosigkeit".

Die Klage über diese Tatsache übersieht, dass es dafür Ursachen geben muss, die ganz offenbar auch in der anfänglich „einheitlichen" Flüchtlingspolitik der etablierten Parteien liegen. Das hat sich unter dem Druck der Kritik und aus besserer Einsicht geändert. Die von Schmid erwähnte „Herrschaft des Rechts und der Regeln" ist von Regierenden verletzt worden mit schwachen unpolitischen Argumenten.
Und dass diese Tatsache so fühlbar geworden ist, liegt daran, dass die sozialen Medien ein Ventil für Kritik, Unmutsäußerungen, aber auch Hassausbrüche von Proleten bieten.
Was „völkisch" und „Volk" betrifft, so sei Schmid daran erinnert, dass es im Jahre 2000 hochgelobte Bestrebungen gegeben hat, die Inschrift am Reichstag „Dem Deutschen Volk" in „Der Deutschen Bevölkerung" umzuändern. Diese Wendung findet sich jetzt im Lichthof. Aus einigen Zitaten grüner und linker Politiker kann man folgern, dass ein neues Deutschland (möglichst ohne „Deutsche") erstrebt wird, - kein kommunistisches, sondern ein multiethnischer und multikultureller Vielvölkerstaat. In einem Leitartikel solchen Inhalts darf natürlich nicht fehlen, dass sich die AfD „ - den Akteuren vielleicht noch unbewusst" (sic!) - als „politischer Arm der neuen Enthemmten" anbietet. Diese Partei wolle ein neues Publikum schaffen, ein neues (revolutionäres?) Subjekt, einen Wertewandel, eine Entbürgerlichung.
Da erfindet Schmid - wie auch viele andere - einen Teufel, auf den der Mainstream einschlagen soll.

„Elite" und böse Zwerge

23.10.2016

So richtig einig sind sich die Kommentatoren nicht, was gerade in der Bundesrepublik abläuft. Da wird einerseits beklagt, dass eine **„enthemmte Mitte"** das Handeln der „Eliten" respektlos anprangert. Andererseits wird erklärt, dass auch **„links und rechts** der Hass auf die Eliten wächst".

Bemerkenswert dabei ist, dass die Kommentatoren selber die angebotenen politischen Lösungen kritisieren - nicht proletenhaft, sondern gewählt und mit Stil. Und die AfD mag Grundsatzprogramme schreiben und Ideen entwickeln. Man ist sich einig, dass das keine Lösungen sind. Francis Bacon wird mit seiner Idolenlehre voll bestätigt.

Man stelle sich mal vor, die Bundesrepublik wäre nicht von gemäßigten, fleißigen Arbeitnehmern und klugen Wirtschaftsführern zur gegenwärtigen bedeutenden Weltwirtschaftsmacht geformt worden. Wie hätten die Bürger dann reagiert auf die panikartige Energiewende mit Windspargeln und teurem Strom, auf Eurorettungsschirme, auf Brüsseler Allmachtsansprüche und besonders auch auf das gesetzlose, tsunamiartige Flüchtlingsdrama? Gewalttätige Aufstände wären sehr wohl möglich gewesen.

Daher ist es gar kein Wunder, wenn jetzt in einem relativ günstigen materiellen Umfeld nur laute, bisweilen unmäßige Kritik besonders in den sozialen Medien geäußert wird. Denn ob einige schwachgeistige Politiker als „Elite", die nicht kritisiert werden darf, bezeichnet werden kann, ist doch sehr fraglich. Wenn Projekte und Ideen rot-grüner Provenienz kritiklos übernommen worden wären, dann wäre Deutschland „der kranke Mann" in Europa geblieben.

Brauchen wir für „komplexe" politische Lösungen Schachgenies?

13.11.2016

Dass „einfache Lösungen" Erfolg haben können, bewies Alexander der Große mit dem Durchschlagen des Gordischen Knotens und Columbus mit seinem sprichwörtlichen Ei.
Der „Spiegel", sonst Anwalt der „Komplexität", verteidigt „Einfachheit" naiv, indem er die Bundesrepublik aufteilt in ein „Helles Deutschland", welches Flüchtlinge „Willkommen" heißt, und ein „Dunkles Deutschland", das dem Zustrom skeptisch gegenübersteht.
Die „ZEIT", auch keine Freundin von einfachen Lösungen, übernahm Merkels „einfaches" „Wir schaffen das" und titelte sehr einfach „Willkommen".
Auch die EU-"Eliten" wollen eine „einfache" Lösung für Europa. Sie setzen ihre ganze Kraft ein, um eine einheitliche Nation (ohne Wahlvolk) zu schaffen, obwohl Europa immer noch aus einem Netz von Parlamenten, Regionen, Kommissionen, Gerichtshöfen und politischen Gegnern besteht. Ein „einfacher" Bundesstaat ist das Ziel, kein „komplexer" Staatenbund.
Andererseits werden „einfachere Lösungen" unmöglich gemacht durch politische Fehlentscheidungen, die „Komplexität" erst erzeugen. Eine Analyse von Sicherheitsbeamten warnt vor dem Import eines arabischen Antisemitismus, nationaler und ethnischer Konflikte und abweichenden Rechts- und Gesellschaftverständnisses.

Der AfD wird vorgeworfen, dass sie nur „einfache" oder gar keine Lösungen anbietet. Umso verwunderlicher ist es, dass die Regierung angesichts der Realität ihre „Komplexität" aufgibt und angeblich „einfache Lösungen" der AfD übernimmt.

Putin, der Höllenhund

25.11.2016

Nach Recherchen des Senders Phoenix unterhält der Kreml ein lügnerisches, propagandistisches, riesengroßes Netzwerk, gerichtet gegen den Westen und zur Unterstützung von Putins Macht. Die Größe des Netzwerkes ist unglaublich verzweigt. Es erhebt sich aber die Frage, ob Putin Gefallen an Lügen hat und mit diesem Netzwerk nur spielen will, oder ob er seine Interessen damit vertritt und konkrete politische Ziele hat. Diese müssten neben einem Bericht über ein Netzwerk ebenfalls ausführlicher dokumentiert werden.
Mehr **Horst Teltschik** und **Harald Kujat** oder sogar **Gauland**!!
Ironie: Westliche Netzwerke gibt´s wohl auch, aber die sind nur der Wahrheit verpflichtet ohne Interessen.

Political Correctness

Die Trends der Marktschreier

01.05.2016

Wenn man alle empfohlenen Trends zur Familie, zur Sexualität, zur Erziehung in Elternhaus und Schule, zur individuellen und staatlichen Moral usw. mitmacht, landet man in der Psychiatrie. Zum Glück aber hat sich Scheiße nur selten durchgesetzt, wie schon Hegel mit anderen Worten meinte.

Steinmeiers Verdrängungen

01.05.2016

Deutschland hat sich 2011 im UN-Sicherheitsrat enthalten, als der Angriff auf Gaddafis Libyen beschlossen wurde. Die Regierung hat aber explizit begrüßt, dass Gaddafi von der Macht entfernt werden sollte. Das war Heuchelei.
Und nun behauptet Steinmeier, er sei nach den Erfahrungen im Irak sehr skeptisch gewesen, ob man mit derselben Methode das Problem „Gaddafi" lösen könne. Diesen substanziellen Einspruch konnte man damals nicht vernehmen.
Steinmeier verwandelt die Heuchelei in staatsmännische Einsicht. Aber nicht nur er beherrscht die Kunst der Verdrängung und Verwandlung!

Streitgespräch Augstein gegen Sarrazin

02.05.2016

Augstein „diskutierte" auf Phönix mit Sarrazin. Er machte sich in diesem Streitgespräch von einem zweit- zu einem drittklassigen Staatsschauspieler
durch seine arrogante Gestik und Mimik,
durch seine Beleidigungen,
durch seine unberechtigte Überzeugung, er sei der wissende Intellektuelle mit alternativlosen Gedanken.

Und die Zuhörer hatten diesen Menschen verdient, denn sie klatschten ausschließlich bei seinen Ausführungen, obwohl sie in ihrem Gehalt weit hinter Sarrazin zurückblieben.

Zu Größerem berufen: Torsten Albig

06.05.2016

Der Ministerpräsident von Schleswig-Holstein, Torsten Albig, ist zu Größerem berufen. Bei seinen Ansichten bleibt aber die Frage, ob zu größerem Sinn oder größerem Unsinn:

„Gerechtigkeit ist der Markenkern der SPD"
Nun ist „Gerechtigkeit" gar nicht widerspruchsfrei zu definieren, und auch die Wähler scheinen diese Sichtweise nicht zu teilen. Denn die SPD liegt gegenwärtig in den Meinungsumfragen bei 20 Prozent.

Die AfD „hat auf keine der aktuell anstehenden Fragen eine sinnvolle Antwort".
Diese von Politikern und Journalisten fortwährend verkündete Meinung hegen auch 50 Prozent der manipulierten Bürger.
Ich sehe aber doch Antworten der AfD: Sie will die Flüchtlingszahlen reduzieren (wie jetzt sogar Merkel) und den politischen Islam verbieten.

„Wir führen Scheindebatten" (nur ich, Torsten Albig, nicht) über sichere Herkunftsländer auf dem Balkan und Nordafrika.
Mit dieser Meinung kann er bei politisch Verantwortlichen keinen Blumentopf gewinnen. Denn diese Entscheidung erleichtert notwendige Rückführungen.

Die Menschen „suchen Schutz bei uns. Aber auf 83 von uns ist das nur...1 auf 83!"
Rechnen kann er. Aber er übersieht die **Qualität** dieses „einen" Flüchtlings oder Migranten
(auf „einen Einstein" kamen sogar Milliarden von Menschen!).
Wenn man für Arbeitslose, Nichtschwimmer, für Analphabeten, für Einbrecher und schlimmere Kriminelle ein Verhältnis auf die Gesamtzahl der Bevölkerung angibt, dann wirkt das gleichfalls vernachlässigbar, und dennoch bereiten die Zahlen große Probleme.
(Zitate aus WELT vom 06.05.2016)

Sokrates - Thomas von Aquin - Joachim Fest

15.06.2016

Warum sollte ich den vielleicht fehlerhaften Interpretationen, Diagnosen und Therapien gesellschaftlicher „Realitäten" von „unfehlbaren" Journalisten, grinsenden Politikern, Kompetenz überschreitenden VIPs und wahren Knallschoten (Käßmann, Roth, Göring-Eckardt) mehr vertrauen als meinen eigenen vielleicht fehlerhaften Gedanken.
Die Lebensweisheit von Joachim Fest (Etiam si omnes - ego non „Auch wenn alle - ich nicht"), der Appell von Thomas von Aquin („Man muss immer auf sein Gewissen hören, - darf aber nicht annehmen, dass es sich nicht irren kann") und die Überzeugung von Sokrates „Ich weiß, dass ich nichts weiß" (aber das weiß ich genau) gehören in jedes ehrliche Gehirn.

Die wahre Wahrheit

18.06.2016

Den „Populisten", meist den rechten, wird der Vorwurf gemacht, sie würden komplexe Lösungen vereinfachen. Was bleibt aber, wenn sich herausstellt, dass die Lösungen wirklich einfach sind, von „Eierköpfen" verkompliziert?
Die Rechten vereinfachen nicht nur, sondern sie haben auch eine klare Antwort auf die Frage, ob Politiker und Medien ihr Vertrauen verdienen: „Nein! Die Politiker lügen, die Presse lügt, die Verwaltungen lügen - aus welchen Gründen auch immer -, nur wir sprechen für das Volk und gegen den großen Betrug".
Die „wohlmeinenden" Linken, die Non-Populisten und die „Eliten" am Schalthebel der Macht müssten das Gegenteil für richtig halten: „Politiker und Presse lügen nicht, nur wir sprechen für das Volk und wollen sein Bestes".
Prost!

Wellenbewegungen

26.06.2016

Es wird als „engstirnig" bewertet, wenn noch vor Jahren das Küssen von homosexuellen Männern in der Öffentlichkeit als „eklig" empfunden wurde. Dazu nun die skandalöse Frage: Bin ich „engstirnig", wenn ich keinen Spinat mag?
Bei diesen Affekten quillt offenbar das „Es" ans Licht, nicht das „Ich", geschweige denn das „Über-Ich".
Eine weitere Frage könnte lauten: Müssen alle den Plan B der Natur, die Homosexualität, als normal verstehen?

Es wäre absurd, die Philosophie der Gegenwart als „fortschrittlicher" zu bewerten, als alle anderen Philosophien, die seit Jahrtausenden existieren. Es gibt Moden, aber die werden immer wieder von existenziell verifizierten humanen Erfolgsgeschichten abgelöst. Und genau diese Wellenbewegungen gibt es auch in unterschiedlichsten Lebensentwürfen.

„Kindsköpfe" wie Trump und Johnson

30.06.2016

Ein Kommentator der WELT (30.06.2016) schreibt eine gelungene Philippika gegen „Kindsköpfe" wie Trump, Boris Johnson und andere Vereinfacher. Nun sollte er das Gegenteil veröffentlichen und alle seriösen Politiker loben, die der Welt Heil und Segen bringen. Da muss er aber gewissenhaft auswählen, denn sonst wird er nur scheinbar klügere, aber beim Volk beliebte Narren finden.

Erste Liebe

15.07.2016

In Kunst und Musik entspringt die erste Liebe zu einem Werk meinem unmittelbaren, spontanen Bauchgefühl. Solche Liebe kann auch keine noch so wortgewaltige Interpretation erwecken. Diese Methode der Welteroberung überträgt sich auf andere Bereiche. Leider aber stimmt mein Bauchgefühl häufig nicht mit dem Großhirn basierten Mainstream überein.

Willkommens-, Schaffer- und Mehrheitsideologie

30.07.2016

Es ist erstaunlich, wie oft in der Geschichte sich negative, unvernünftige Mehrheitsmeinungen, erzeugt durch „Kunstmaler" oder „Literatur-, Religions- und Medienwissenschaftler" ohne Abschluss, gegen vernünftige Kritik durchgesetzt haben. Doch die „Willkommens-, Schaffer- und Mehrheitsideologie erweist sich auch in den Medien allmählich als das, was sie ist: eine Quelle für schreckliches Chaos.

Diskriminierungskampagnen

20.08.2016

Bereitwillig folgt eine links-grüne-pazifistische Mehrheit in Deutschland den Diskriminierungskampagnen vermeintlicher Geistesgrößen. Auch aufgescheuchte Konservative spielen bisweilen mit:
Ernst Nolte wurde vom „überschätzten" (Odo Marquard) Jürgen Habermas als persona non grata und Holocaust-Relativierer den willigen Medien im „Historikerstreit" zum Fraß vorgeworfen. Der WELT-Chefredakteur, Michael Stürmer, war für den Philosophen der „Herrschaftsfreiheit" und „Neuen Unübersichtlichkeit" ein „Nato-Philosoph". Nebenbei dürfte Habermas auch eine Teilschuld am Tode des honorigen Historikers Andreas Hillgruber treffen.
Dem Israelfreund Philipp Jenninger wurde übel mitgespielt.
Die europäische Hysterie traf Jörg Haider und ganz Österreich.
Helmut Kohls Verdienste um Deutschland werden bis heute kleingeredet.
Gegenwärtig trifft die Diskriminierung eine ganze Partei, die AfD.

Das Bedrückende ist, dass die Diskriminierer glauben, sie hätten die historische Moral auf ihrer Seite.

Burka und Ästhetik

23.08.2016

„Die Deutschen" erkennen Hässlichkeiten nicht mehr. Sie finden sich ab mit Windspargeln, kämpfen um Burka und Burkini, pflastern ihre Vordergärten zu. Sie erfreuen sich lieber an virtuellen Naturerlebnissen durch 3D-Brillen. Oh weh, Narziss und Goldmund!

Grenzen der Toleranz

24.08.2016

Michael Stürmer analysiert in einem weisen Artikel (WELT vom 24.08.2016) die Grenzen der Toleranz.
Er zitiert anfangs den altgriechischen Philosophen Platon, der erkannt hat, dass sich unbegrenzte Freiheit am Ende selbst zerstört. Und unbegrenzte Toleranz endet - auch nach Platon - in einer Ordnungsdiktatur.

Stürmer formuliert am Ende seines Artikels in großer Weitsicht das Unbehagen der Bürger:
„Die politische Pädagogik hat...ausgedient. Die alternativlose Politik geht mit unangenehmen Alternativen schwanger, und keiner hat es ihr erlaubt. Die Sedative der Political Correctness zeigen keine Wirkung mehr außer Verbreitung des Zweifels".

Platon würde heute Wolfgang Bosbach (Bericht über ihn in derselben Ausgabe der WELT) loben, der weit davon entfernt ist, eine „Ordnungsdiktatur" zu propagieren, aber auch nicht in die dumpf-naive Falle der Political Correctness des maßlosen moraltriefenden Toleranzgesäusels tappt. Wenn seine Vorschläge und Lösungsansätze Realität geworden wären, dann wäre der politische Unsinn bereits im Entstehen beseitigt worden: keine Parallelgesellschaften, undurchsichtige Lebenswelten, Integrationsverweigerung, Ausnutzung von Sozialgesetzen, No-go-Areas, ungeregelte Zuwanderung, Eurokrampf mit Transferunion.

4 mal Kritischer Rationalismus

25.08.2016

Marcel Fratzscher und sein DIW sind entzückt über Vorteile der Zuwanderung, selbst der ungeregelten. Jetzt „erforschten" sie, dass die AfD vornehmlich Menschen mit stabiler rechter Gesinnung und niedrigem Bildungsstand wählen.

Sind diejenigen Politiker, die Diskriminierung anwenden, einer ehrlichen politischen Diskussion nicht gewachsen?

Eine Lehrerkollegin fabrizierte größten pädagogischen Quatsch. Sie galt aber als sehr engagiert beim Managen dieses Quatsches. Das Modell ist auf die Bundesregierung übertragbar.

Gesinnung und Verantwortung

13.09.2016

Eine linkslastige, fordernde Wohlstandsgesellschaft mit Helfersyndrom (für Juchtenkäfer bis „Flüchtling aus der Hölle") - politische „Eliten" und einfache Bürger - umzupolen von Gesinnung auf Verantwortung, von Claudia Roth auf Helmut Schmidt, ist eine Aufgabe für Jahrzehnte.

Political Correctness als Gefahr?

15.09.2016

Pack, Wutbürger, Proleten oder Blutsäufer stellten in Aufständen und Revolutionen immer die Mehrheit, - keine Philosophen, Wissenschaftler, Weltbürger, Pazifisten oder Gutmenschen. Sie wittern wie wilde Tiere Drohungen, Gefahren und Not.

Wittern die brüllenden Rechtsradikalen in Europa im Islam eine wirklich drohende Gefahr, oder werden sie durch Parolen weniger „Rattenfänger" manipuliert?
Leider wird erst die Zukunft diese Frage endgültig beantworten.

Das Demokratiespiel

25.10.2016

Zur vielzitierten „Offenen Gesellschaft" von K.-R. Popper gehört nach Meinung vieler Politologen, Politiker, Historiker etc. - vielleicht unbewusst - auch Poppers „trial and error" (Versuch und Irrtum), - allerdings in recht ausgeweiteter Form:
Zu ertragen seien zunächst die „Rote Flora", die „Schwarzen Blöcke", Pegida und „Reichsbürger", Migranteninvasion und schwammige Hatz-IV-Bestimmungen, die „Neuen Familien", irrsinnige Schulexperimente, CSD-Schmuddel. Diese gesellschaftliche Sammlung ist schön bunt, fließend und nicht langweilig.
Doch irgendwann, wenn die Auswüchse in der Realität zur Vernunft zwingen, und wenn man den Irrtum erkennt, wird von den Regierenden „gegengesteuert".
Es gibt aber auch gesellschaftliche Kräfte, die dieses Demokratiespiel der „Offenen Gesellschaft" nicht durchschaut haben oder nicht spielen wollen, und die glauben, „Irrtümer" bereits am Anfang vermeiden zu können, die das

„Offene" lieber „geschlossen" haben wollen. Dass dabei auch ein Kampf stattfindet, der sich gar nicht gegen „Irrtümer" richtet, wird wiederum erbittert bekämpft. Und siehe da: das Demokratiespiel wird auf eine höhere Ebene gehoben.
Bei diesem Spiel gibt es zwei Varianten, eine mit und eine ohne Gewalt.

Political Correctness

07.11.2016

Die „political correctness" will eine „anständige Gesellschaft" schaffen. Die „Anderen" müssen in ihrer Eigenart anerkannt und im Bedarfsfall gefördert werden. Dazu zählen Frauen, ethnische Minderheiten, Homosexuelle, Polysexuelle, Behinderte und in jüngster Vergangenheit und Gegenwart muslimische Höllenflüchtlinge und Armutsmigranten. Auch Kannibalen sind krank und müssten erzogen werden, sich vegan zu ernähren.
Opposition und Kritik gegen diese Prägung einer „anständigen Gesellschaft" ist unmoralisch und kann nur von bösen Rechtsextremen, Rassisten, Islamophoben und Faschisten stammen (glaubt z.B. Heiko Maas).
Selbst extreme Behauptungen, dass Gesellschaften insgesamt „behindert" seien, und dass Menschen jeglichen Alters aufgrund von Defiziten staatliche Hilfen benötigen, haben die „Moral" auf ihrer Seite und sind dadurch gegen Kritik immunisiert.
Bei einem „Zuviel" aber an Empathie, christlicher Nächsten- und Fernstenliebe oder humanitärem Engagement ist es nicht verwunderlich, wenn „political incorrect" immer mehr Anhänger findet.

Geachtete und verachtete Multikulturalität

24.11.2016

In den Medien wird „aus gegebenem Anlass" „Multikulturalität" in den höchsten Tönen gelobt. Nur ganz rechte Blödis können gegen gelungene Multikulturalität Angst schüren oder Wut entwickeln. Aber diese Form des weltbürgerlichen, friedlichen Multikulti mit maßvoller deutscher Leitkultur zu lieben und zu achten und gegen den politischen und fundamentalistischen Islam zu sein, der diese Multikulturalität verachtet und beschmutzt, sind zwei verschiedene Dinge.

Wahrheit, Wirklichkeit und Tatsachen

26.11.2016

Alan Posener macht sich Gedanken in einem Artikel der WELT vom 26.11.2016 über Begriffe wie „Populismus", „postfaktisch" und „Tatsachen". Populismus sei ein Sieg des Ressentiments über die Vernunft, des Wunschdenkens über die Wirklichkeit.

Presse und „Mainstream-Medien" seien im Wesentlichen den Fakten verpflichtet. „Ein Erfolgsrezept, langfristig gesehen".

Das Anakoluth erinnert an Hegels Wort: „Was vernünftig ist, das ist auch wirklich" und „Was wirklich ist, das ist auch vernünftig" - langfristig gesehen. Oder an John Deweys Kriterium der (langfristigen) Nützlichkeit als Ersatz für eine Wahrheitstheorie.

Hegel und Dewey mögen Recht haben. Posener aber, der ganz offenbar Protagonisten für Wirklichkeit, Vernunft, Tatsachen und langfristige Nützlichkeit auf der Seite von Journalisten entdeckt, vergisst, wie viele weltgeschichtliche Irrtümer von Journalisten und „Mainstream-Medien" aller Zeiten Menschen ins Unglück gestürzt haben, und wie unterschiedlich die Meinungen in verschiedenen Ländern auch jetzt ausfallen. Und wie unterschiedlich Journalistenmeinungen in Deutschland sind.

Ein kleiner Exkurs über unsere empirische Welt mit den Erkenntnissen von Karl-Raimund Popper sei angefügt:

Unbeschränkte Allsätze („Alle Schwäne sind Weiß") können **falsifiziert** werden, indem man einen schwarzen Schwan vorweist. Sie können aber **nicht verifiziert** werden, indem man dauernd weiße Schwäne vorführt.

„Es-gibt-Aussagen" („Es gibt Außerirdische") können dagegen **nicht falsifiziert** werden. Sie können aber **verifiziert werden**, indem man einen Außerirdischen findet. Insofern führt sogar eine Meinung, dass es irgendwann einmal ein zweijähriges Baby gibt, das über den Atlantik schwimmen kann, nicht zu einem logischen Widerspruch der gegenteiligen Behauptung.

Und wo soll man nun Meinungen der Art einsortieren, dass es Terroristen unter den Flüchtlingen gibt? Damit soll gesagt werden, dass wir uns in kontroversen Diskussionen die Köpfe heiß reden, ohne zu bemerken, dass erkenntnistheoretisch gar nicht „richtig" oder „falsch" möglich ist.

Die Überschrift 2+2=5 von Poseners Leitartikel führt in die Irre, weil sie Axiomen der Mathematik widerspricht und im Reich der Empirie nichts zu suchen hat.

Ich könnte mich irren.

Bekenntnisse zum Sonntag

27.11.2016

Ich bin leidenschaftlicher Europäer. Aber in mir schlummert auch ein versteckter „Orban" und ein gemäßigter Sympathisant der AfD.
Es ist eine großartige Idee, Europa mit übergeordneten Strukturen zu vereinigen. Die Frage bleibt aber, ob ein Staatenbund mit verbleibender

Eigenverantwortung oder ein zentralistischer Bundesstaat entstehen soll.
Mein Blut gerät in Wallung, wenn ich von Menschen, deren Basiskompetenzen unbekannt sind, wie Juncker, Schulz oder Merkel an der Leine geführt werden soll.
Merkel hat ein gut funktionierendes Energiesystem zerschlagen durch den überhasteten Atomausstieg ohne Konsultation der Nachbarn, mit Natur zerstörenden Windspargeln und ohne Plan für Leitungssysteme.
Die „Eliten" der EU woll(t)en Eurobonds einführen, um durch eine strengere Form eines jetzt schon bestehenden Transfersystems marode, schlecht regierte Staaten vor dem Bankrott zu retten.
Merkel - in mitleidiger unpolitischer Aufwallung - entscheidet ohne Einverständnis der Nachbarn ganz allein, Flüchtlinge ins Land zu locken, weil sie der widerlegbaren Meinung ist, dass man Grenzen nicht schützen könne. Ihr Verlangen - durch Hypermoral aufgepustet -, alle EU-Staaten müssten solidarisch Flüchtlingskontingente abnehmen, wird natürlich abgelehnt, - vom bösen Ungarn, aber auch von Frankreich.
Nur ganz langsam finden Europa und besonders auch Deutschland in der Flüchtlingsfrage zu intelligenteren, akzeptableren Lösungen zurück.

Und der vorherrschende politische Wille (besonders von einigen grünen und roten Kotzbrocken vorgetragen), alle Bürger zu Weltbürgern zu kneten ohne unterscheidbare Eigenarten, mit überdehnter Ablehnung eines traditionellen Zusammenlebens, mit übertriebenen moralischen und sozialen Maßstäben und mit unterschiedsloser Toleranz gegen alle möglichen Minderheiten („Diktatur des Relativismus"), fordert meinen „Stolz und meine Wut" heraus, vor allem auch deshalb, weil die Unkenntnis oder Unfähigkeit einiger „Intellektueller" den politisch-fundamentalistischen Einfluss des Islam nicht erkennt.

Es ist ein Trauerspiel, dass harmonischer Multikulturalismus zerstört wird durch einen aggressiven Islam und durch unterschiedsloses Anerkennen jeglichen soziologischen Irrsinns

Populismus

Die seltenen „Vernunftisten"

06.05.2016

In Europa gibt es eine Fülle von Rechtspopulisten, - und diese Dumpfbacken werden von hirnrissigen Millionen von Bürgern auch noch gewählt!
Weniger zahlreich sind die Mitte- und Linkspopulisten.
Längt man das „o" in „Populist", dann wird daraus ein Pappelliebhaber, denn populus mit langem „o" heißt im Lateinischen „Pappel".
Missverständlich und ein wenig eklig ist ein Sonderfall: der Popelist.

Wie aber - um alles in der Welt - erkennt man einen wahrhaft nachhaltigen „Vernunftisten" in diesem ganzen Schwarm von Populisten?

Populisten sind an allem schuld

05.07.2016

Überall in Europa steigt die Zahl der „Populisten", in denen nur Verführer des armen, uninformierten Volkes gesehen werden. Über ihren Einfluss wird intelligent oder ideologisch erbittert gestritten.
Nun sind diese Populisten zwar verbreitet, aber in kaum einer europäischen Regierung vertreten, die für das Wohlergehen des Volkes sorgen sollte. Und dennoch gibt es unerträgliche Probleme in Europa und weltweit. Vor allem eine katastrophale Jugendarbeitslosigkeit, desweiteren Schuldenberge, Migrantenprobleme, religiösen Terror, Rentenkürzungen. Keines dieser real existierenden Krisen haben bisher die Populisten zu verantworten, sondern diejenigen, die als „Establishment" bezeichnet werden. Wenn diese ein wenig von der Kraft, mit der sie die Populisten bekämpfen, umleiten würden in positive Energien zur Bewältigung selbst verschuldeter Probleme, dann schrumpfen sie damit auch die Populisten.

Das „postfaktische" Zeitalter

09.11.2016

Die politischen Eliten und die Medien haben das „postfaktische" Zeitalter entdeckt, d.h. dass nicht mehr Fakten und Argumente zählen, sondern Emotionen.
Nun gibt es in Deutschland ein breites Spektrum von „Fakten", von der Linkspartei bis zur CSU und zur AfD.
Eher ist es wahrscheinlich so, dass auch diese „Fakten" mit Meinungen „verunreinigt" sind. Immanuel Kants „Ding an sich" bleibt also verborgen.

„Populistische" Parteien

10.11.2016

Es gibt ein Unbehagen in Deutschland und der westlichen Welt, das sich in gleichen Strukturen und Inhalten in sogenannten rechten populistischen Parteien manifestiert.
Das liegt daran,
dass Eliten als größträumiger Denker das einfach strukturierte „Volk", das in Deutschland zu allem Übel auch noch in „Bevölkerung" umbenannt werden soll, nicht besonders schätzen,
dass das Gefühl für „Heimat" diffamiert wird,
dass der Weihnachtsbaum als „unzeitgemäßes Ritual" beseitigt werden soll,
dass die Bürger zu Weltbürgern oder nur zu Gattungswesen ohne Individualität umgeformt werden sollen,
dass Deutschsein auf „Verfassungspatriotismus" beschränkt werden soll,
und dass die Bürger Europa als Nation und als neue Heimat empfinden sollen.

Gegen diese Großdemiurgen, die mehr planen als nur gemeinsame Außen-, Sicherheits-und Verteidigungspolitik bildet sich in vielen Ländern eine mächtige, teils diffuse Opposition. Denn die Menschen verlangen nach Lebensinhalten jenseits von Politik und Materiellem. Dieses Verlangen wird immer noch gestillt durch eine tradierte überschaubare Kultur, die sie nicht abrupt verlieren wollen.
Sie lieben immer noch eher das Lampenlicht des Privaten als die große Sonne des unterschiedslos Allgemeingültigen.

Popularen und Optimaten

18.11.2016

Populisten vertreten populäre Meinungen des populus (lat. "Volk"). So kommen wir aber nicht weiter! Das Volk wird uns nicht in lichte Höhen führen wie die Optimaten. Das wusste schon Lenin.
Die Populisten argumentieren nämlich unsachlich und postfaktisch. Wahrheit und Tatsachen ertränken sie in einem Meer von Emotionen. Und vor allem: Sie bieten in der komplexen Welt nur einfache Lösungen an, wie es aber Alexander der Große („Gordischer Knoten") und Columbus mit seinem „Ei" mit Erfolg getan haben.
Es gibt aber doch auch geheime Populisten, die die Definition erfüllen, und in der öffentlichen Wahrnehmung den Ruf von Optimaten haben:
Merkel, Seehofer, Gabriel, Kipping, Roth, Beck, Cohn-Bendit oder auch Holland und Tsipras.

Populismus droht allen

19.11.2016

Es ist a priori nicht sicher, dass Linksliberale oder Linkssoziale eine bessere Politik für die Menschen machen als Rechtsliberale oder Rechtskonservative.
In Europa gibt es zurzeit gewiss große ökonomische und soziale Probleme.
Auch die Welt wird nicht von Friedensfürsten regiert. Da ist der Vorwurf an sogenannte Populisten geradezu lächerlich, sie böten nur einfache oder keine Lösungen an.
Bei Wahlen 2017 könnten sie in einigen Ländern an die Macht kommen.
Wenn Populisten dann eine effektivere Politik machen, mit der die Menschen zufriedener sind, dann sind ihnen in Geschichtsbüchern einige Seiten sicher.

Populismus - eine weltweite Pandemie

20.11.2016

Mit unterschiedlichen Begründungen gibt es in Europa und der Welt den verhassten Populismus.
In Deutschland erkennt man diese geistige Verfehlung z.B. an drei „Fakten":

-Die Forderung nach einer höheren Vermögenssteuer ist populistisch.

-Die AfD zu diskriminieren, aber wesentliche Teile ihres Grundsatzprogramms clamheimlich zu übernehmen, ist Populismus.

-Angela Merkel zu drängen, nochmals als Bundeskanzlerin zu kandidieren, obwohl man mit ihrer Politik nicht einverstanden ist, aber weiß, dass das Volk sie/sie schätzt, ist Populismus pur.

Entscheidungsschlacht zwischen Links- und Rechtsliberal

23.11.2016

In der westlichen Hemisphäre tobt eine Entscheidungsschlacht zwischen Linksliberal und Rechtsliberal.
Linksliberal hat die Schlachtreihen geschwächt durch überdimensionierte Nächsten- und Fernstenliebe, überzuckert durch rigorose Moral, alles übertrieben fokussiert auf Minderheiten unter Nichtbeachtung derjenigen, die nicht nur europaweit, sondern auch in den USA bis zu 50% die sogenannten Populisten wählen.
Gegenwärtig finden zwar Frontbegradigungen bei linksliberalen Truppen und sogar in vorher gleichgeschalteten Medien statt, aber wahrscheinlich ist es zu spät für den Erhalt etablierter Macht. Es sei denn, sie bewaffnen sich gleichfalls mit einem natürlichen Egoismus und einem Schuss utilitaristischer Ethik.

Die Grünen

Logorrhöe

18.5.2016

Sie reden und reden und reden...Ihre Reden klingen für viele Mitbürger wie psychedelische Musik.
Wenn man ihr Reden aber mit den Erkenntnissen europäischer Denker analysiert, dann ist der Prozentsatz eines wichtigen Inhaltes sehr gering.
Es bleibt im Wesentlichen nur „Wortschiss" (Logorrhöe).

Queer-Kongress der Grünen

23.5.2016

Es tagte ein Queer-Kongress der Grünen mit 120 Aktivisten. Man war sich nicht ganz einig, ob „Queer" als Sammelbegriff taugt für „LGBTTQ*" (Lesbian, Gay, Bisexual, Transsexual, Transgender, Intersex und Queer; das Sternchensteht für alle ungenannten Identitäten).
Der wieder auferstandene Volker Beck war natürlich ohne Drogen an diesem Kongress beteiligt. Er verglich den Kampf der Queer-Community um Anerkennung und Gleichstellung mit dem Leiden des Sisyphus und meinte mit Albert Camus, dass man sich Sisyphus doch „als glücklichen Menschen vorstellen" müsse.
Dagegen hat sich ein-e andere-r Teilnehmer-in mit ihrem Zitat wohl im Ton vergriffen: „Ich bin gegen Arschlöcher". Möglicherweise hat sie/er sich nicht nur vergriffen, sondern auch einige aus ihrer Community diskriminiert.

Fatalismus heilt Wunden

02.06.2016

Aus Sicht der Gegenwart werden die geistigen und politischen Kämpfe der Vergangenheit so oder so „gelöst". Da muss man kein Wutbürger werden, und schon gar nicht Sympathisant der AfD.
Ein stoischer Kommentator beschreibt seine persönlichen Einstellungen zum Lauf der Geschichte wie folgt:
„So gut wie keine private Befürchtung aus den 70er-Jahren hat sich bewahrheitet, und viele Zornesanlässe sind verschwunden. Die Auflösung der Angstfantasien geschah durch die Politik, die zur Selbstkorrektur fähig war" (WELT vom 02.06.2016)

Selbstverständlich geschah diese „Auflösung" durch die Politik und ihre Staatsorgane, aber sehr häufig getrieben durch die Realität und durch Wutbürger, die näher an der Realität waren als die Politiker - wie heute auch.
Der Kommentator zitiert zur Bekräftigung seiner Position

Gotthold Ephraim Lessing: „Schon wieder rennt der Zorn mit dem Verstand davon". Aber Lessing war so weise, dass er auch die Möglichkeit einer Symbiose von Zorn und Verstand eingeräumt hätte.

PS Der Autor mochte offenbar einige Erscheinungen der 68er nicht. Denn er formuliert sehr sympathisch: „Die neuen Intoleranten, die sich in Einheitskluft (Jeans, Parka, Palästinensertuch) für Diktatoren begeisterten - Lenin, Mao, Ho Tschi-Minh" empfand er sehr richtig als Rückkehr zur Demokratieverachtung. Allerdings hat er bei den massenmörderischen Diktatoren einen weiteren vergessen, nämlich den heute noch als Ikone der Freiheit verehrten Che Guevara. Der wird aber leider immer vergessen, wenn es um Massenmörder geht.

Die DDR - ein schrecklich bescheuerter Staat

13.06.2016

Die DDR war ein schrecklich bescheuerter Staat, von blinden Linkspopulisten bewertet als der „bessere deutsche Staat". Er wurde verwaltet und zugrunde gerichtet von kleinkarierten ideologischen Idioten, deren Nachfolger die Funktionäre der Linken und der Grünen sind.

Plagiate sind gegen Göring-Eckardt Peanuts

23.08.2016

Göring-Eckardt bekommt ein starkes Medienecho. Warum das so ist, kann ich nicht verstehen. Ich möchte sehr gerne einmal eine Beurteilung ihrer Schul- und Universitätslehrer (für 2 Semester) lesen:

Sie sieht den deutschen Sozialstaat in Gefahr. Viele Menschen seien etwa so arm und krank wie arme und kranke Rumänen.
Sie stellt jeden, der eine andere Meinung als die Grünen hat, in die rechte Ecke, und zwar immer noch, obwohl sie der Ansicht ist, die Grünen hätten bei der Diskriminierung hinzugelernt.
Sie verurteilt die nicht vorhandene Meinung, dass es beim Burkaverbot nur um die Sicherheit geht.
Sie kritisiert das „unsägliche Hin und Her der Bundesregierung" in der Migrantenfrage. Offenbar wollen die Grünen die „Willkommenskultur" beibehalten oder sogar noch erweitern.
Sie sieht die Lösung des Migrantenproblems in der Verteilung auf die EU-Staaten, sagt aber nicht, was zu tun ist, wenn die Migranten z.B. nicht nach Ungarn oder Finnland wollen oder von dort wieder zurück nach Deutschland kommen.

Deshalb, weil sie rhetorisch ganz gute Satzperioden beherrscht, inhaltlich aber Unsinn redet, möchte ich,-wie gesagt-, wissen, ob sie schon in ihrer frühen Ausbildung diesen Gegensatz von „formal" und „inhaltlich" zeigte.

Bildung und Schule

„Epochale Situation"

03.05.2016

Bildungsexperten erklären, dass die schwierige Integration in dieser „epochalen Situation" nur durch intensivste Bildungsmaßnahmen zu bewältigen sei. Dazu sei angemerkt, dass die „epochale Situation" nicht vom Himmel gefallen ist, und dass weitere „epochale Situationen" hoffentlich verhindert werden.

„Bildungsferne Schichten"

04.05.2016

Seit mindestens 60 Jahren wird beklagt, dass nur ein geringer Prozentsatz von Kindern aus „bildungsfernen Schichten" das Gymnasium besucht. Das ist bedauernswert trotz enormer Anstrengungen und Dauerreformen.

Aber müsste man nicht auch bedauern, dass nur bei 62,5 Prozent aller Schüler, die 2014 ein Gymnasium besuchten, wenigstens ein Elternteil Abitur besaß? Warum waren es nicht mehr? Müsste man nicht auch bedauern, dass keine Reform bildungsferne Schichten beseitigt hat? Müsste man nicht auch bedauern, dass leider nur ein ganz geringer Prozentsatz Porsche fährt, zu schweigen von Stabhochspringern, die über sechs Meter springen können?

Vorurteile sind keine Lügen

04.05.2016

Verstellt das geistige Ziel die Sicht auf die Realität?

Zwei „Forscherinnen" eines Wirtschaftsinstitutes verbreiteten die überraschende Meldung, dass syrische Flüchtlinge höher gebildet sind als bisher behauptet. In Syrien gäbe es eine sehr hohe Dichte - besonders vor dem Krieg - an Hochschulabsolventen, an Ärzten und Ingenieuren (Wieso hat der „Schlächter" Assad das zugelassen?).

Diese „Wissenschaft" ist in einem Leserbrief der WELT mit einem schlagenden Argument als unbrauchbar entlarvt worden:
„Der Bildungsstand im Herkunftsland muss nicht dem Bildungsstand der Flüchtlinge entsprechen".

Diese „Enlarvung" ist ein Modellfall für interessegeleitete Wissenschaft und interessegeleiteten Journalismus. Das Ziel wird durch Vorurteile verdunkelt (vgl. Francis Bacons Idolenlehre und Jürgen Habermas´ „Interessegeleitete Wissenschaft)

Nationaler Bildungsbericht und Lyssenko

17.6.2016

Im Bildungsministerium wurde der Nationale Bildungsbericht vorgestellt mit einer Fülle von Statistiken. Daraus sei nur eine einzige Erkenntnis zitiert: „Der Unterschied zwischen Kindern aus bildungsnahen und bildungsfernen deutschen Haushalten bleibt konstant hoch". Seit Jahrzehnten wird dieser bedauerte Befund trotz enormer Bildungsanstrengungen und -verbesserungen konstatiert, so dass zwei skeptische Fragen wohl berechtigt sind:

Aus welchen Gründen gibt es in einem Umfeld mit guten Lebenschancen und weitreichenden Therapien für Unterprivilegierte „bildungsferne" Haushalte?

Wieso schaffen es einige Kinder aus „bildungsfernen" Haushalten doch, Abitur zu machen?

Auf diese beiden Fragen kann es nur eine Antwort geben: Es gibt genetisch bedingte Intelligenzunterschiede. Der Glaube, man könne allen alles beibringen, ist ein unausrottbares Relikt marxistischer Ideologie. Gelandet wird dann bei Lyssenko. Es hat den Anschein, als ob einige „Experten" die Gausssche Glockenkurve platt machen wollen.

PS Wenn man guten Schülern die gleiche Förderung zuteilwerden ließe, wie den schwächeren, dann wären die Unterschiede viel gewaltiger.

Hänschen und Hans

25.07.2016

Ich bin mir als ehemaliger Lehrer ziemlich sicher, dass Politiker, die groben gutmenschlichen Unfug von sich geben zur Migration, zum islamischen Terror, zur sozialen Gerechtigkeit, zu Pazifismus, zur Armut in der Dritten Welt in der Schule keine großen Leuchten waren oder Anerkennung nur bei linksgerichteten Gemeinschaftskundelehrern fanden. Ihre platte Scheinhumanität wurde noch übertroffen von ihren massenhaften Worthülsen.

Für mich und andere liberal-konservative Kollegen, kurz: für vernünftige Menschen, waren das Schwätzer, die einfachste Regeln der Logik und des konsequenten Denkens vermissen ließen.

Nur Sex im Kopf

01.08.2016

Ich könnte mich irren, aber meiner Wahrnehmung nach kommen abseitige Lehrpläne für frühkindliche Sexualerziehung, Straffreiheit für einvernehmlichen

Sex mit Minderjährigen, Gleichstellung von homosexuellen Partnerschaften mit heterosexuellen Ehen, volles Adoptionsrecht für Schwule und Lesben, Aufklärung über bunte sexuelle Orientierungen, Lobpreis des befreiten auch öffentlichen Gebumse am CSD immer oder sehr häufig von unattraktiven Homosexuellen.
Die sollten ersatzweise mit demselben Elan mal auf das Gebiet von ewigen Meisterwerken der Literatur ausweichen.

Janoschs kurzer Ratgeber für M. Käßmann

30.08.2016

das Leben ist so: Du wirst hineingeworfen wie in ein kaltes Wasser, ungefragt, ob Du willst oder nicht. Du kommst lebend nicht mehr hinaus.
Darüber kannst Du:
a) unglücklich sein und ersaufen;
b) Dich lustlos und frierend so lange über Wasser halten, bis es vorbei ist;
c) einen Sinn suchen und einfordern und dich grämen, weil er sich nicht zeigt.
Oder Du kannst:
d) Dich darin voller Freude tummeln wie ein Fisch und sagen:"Ich wollte sowieso ins Wasser, kaltes Wasser ist meine Leidenschaft. Was für ein verdammt schönes Vergnügen, Leute!"

Universitäten

30.10.2016

Wie aus heiterem Himmel wird plötzlich „Der große Uni-wahn" wiederentdeckt. Es hapere am Wissen und an der Konzentrationsfähigkeit derjenigen Studenten, die aus über 50% Abiturienten eines Jahrgangs kommen. Es fehlt bei solchen Analysen aber immer an zwei weiteren, wahrscheinlich entscheidenderen Gründen: der genetisch bedingten Logik und einer altersabhängigen Erfahrung. Es geht gar nicht um einen beklagten Mangel an „Wissen", sondern erstens um die Fähigkeit, Wissen zu „verlinken", und zweitens um kaum erlernbares Mathematikverständnis zu besitzen.
Diese Defizite wird man auch nicht durch universitäre Nachhilfe und „general studies" gänzlich beseitigen können.
Zielführend wäre nicht das „Abitur für alle", sondern nur für „Geeignete". Dann könnte man absurde Akademikerquoten wie in Südeuropa, hohe Jugendarbeitslosigkeit in diesen Ländern und Maurermangel auch bei uns vermeiden.
Ich bezweifele auch, ob alle meine Lehrer am Gymnasium ihre zentrale Aufgabe in einer „wissenschaftlichen Propädeutik" gesehen haben. Dass man damals über Abbrecherquoten nicht diskutieren musste, lag daran, dass 5% der Abiturienten nur zu einer Seite der Gaußschen Normalverteilungskurve gehörten.

Europa

Hilflose Logik

02.05.2016

Italien kann seine Seegrenzen nicht schützen. Es kommen immer mehr Migranten, eher weniger „Flüchtlinge", illegal nach Italien. Dort landen sie, häufig von der Mafia ausgenutzt, in unmenschlichen Verhältnissen.

Daher dürfe Österreich seine Grenzen, den Brenner und andere Übergänge, nicht kontrollieren und bei erreichten Obergrenzen nicht schließen. Den Illegalen muss ein Ventil nach Norden offen bleiben.

Also: „Erst wenn der mörderische Bootsverkehr übers Mittelmeer beim Start (z.B. in Libyen) unterbrochen werden kann, dürfte sich die vorausgesagte katastrophale Lage am Brenner wieder normalisieren".

Also: Österreich ist nicht solidarisch, weil es das Chaos von seinen Grenzen fernhält.

Kampf für Europa

04.05.2016

Jean-Claude Juncker ruft zum Kampf für Europa auf:
Vier alle (Merkel, Juncker, Schulz und Brok) müssen „für ein gemeinsames Europa kämpfen". Kein Nationalstaat allein kann „die Spielregeln im Wettkampf der Mächte mitbestimmen". Wenn wir nicht zusammenhalten, dann ist „unser europäisches Gesellschaftsmodell, das aufbaut auf Demokratie und Rechtsstaatlichkeit, Solidarität (no bail-out?) und Menschenrechten" in Gefahr. In Europa gibt es bürgerliche Rechte, Pressefreiheit, Streikrecht, „keine Folter, keine Kinderarbeit, keine Todesstrafe" (wie in den USA!). Unsere Wirtschaftskraft entsteht aus einem gemeinsamen Binnenmarkt" (und Deutschland!).

So! - und nun muss man doch fragen, ob alle die Werte, die Juncker aufzählt, nicht auch in einem eng verflochtenen Bund souveräner Staaten verwirklicht werden könnten.
Ein Bundesstaat mit zentralistischen Entscheidungen aus Brüssel, mit einem Oktroi nicht unfehlbarer Politiker, ist kleineren europäischen Ländern offenbar ein Schreckgespenst - mir auch! Ich will eine krumme Gurke!

Franziskus, die personifizierte Moral

07.05.2016

Eine Stimme aus höchsten Regionen sagte mir, ich solle nicht zu sehr auf Franziskus hören, der rede immer so geschwollen. Ich solle lieber auf die

Meinung der Völker Europas achten.

Ich dachte zuerst, ein böser Geist habe mir diesen Albtraum geschickt. Doch beim Lesen einiger Zitate und einiger Kommentare zur Verleihung des Aachener Karlspreises dankte ich der Stimme.

Franziskus stellt einen Zusammenhang zwischen Umweltzerstörung und ungezügeltem Kapitalismus her. Das ist nicht abzustreiten; aber was der Sozialismus an schrecklicher Umweltzerstörung anrichten kann, hat die untergegangene DDR bewiesen. Und das beweisen auch heute noch nicht kapitalistisch regierte Länder, z.B. China.

Franziskus ermahnt „die Europäer", Migration nicht als Verbrechen anzusehen. Mir ist unklar, welchen Europäern er diesen Vorwurf macht.

Franziskus erkennt, dass die Kultur des Dialogs ein Lernprozess sei. Man müsse diesen Dialog auch mit den Migranten führen. In Deutschland allerdings wird gerade auch von verschiedensten Seiten Angela Merkel, seiner Dialogpartnerin, vorgeworfen, dass sie mit ihrem „alternativlosen" Starrsinn politischen Wettstreit zerstört habe.

Und einige Kommentare zum Treffen mit Franziskus sind ein wenig maßlos. Die hochkarätigen Zuhörer „stützten sich an seiner moralischen Größe". Und Martin Schulz glaubte sogar, dass der Papst aus Argentinien „unverstellt auf Europa" blicke, - so wie er auch!

Franziskus mag als personifizierte Moral angesehen werden. Doch Staatslenkung sollte man „der anderen Welt" und ihren Experten überlassen.

Papst Franziskus verunglimpft deutsche Karnickel

16.05.2016

Ich schließe mich der Kritik des Zentralverbandes Deutscher Rasse-Kaninchenzüchter an der Empfehlung des Papstes an, Katholiken sollten sich nicht „wie Karnickel" vermehren. Man dürfe nicht allen Kaninchen „pauschal ein erhöhtes Sexualverhalten" unterstellen.

Dieser Irrtum ist nur eine Träne im Ozean der Irrtümer der katholischen Kirche: Galilei stellte sie z.B. zeitlebens unter Hausarrest und ließ Giordano Bruno auf dem Scheiterhaufen verbrennen.

Nun hat es ein fast unbekannter Geistlicher aus Argentinien geschafft, weißen Rauch aufsteigen zu lassen, und alle Welt glaubt, dass dieser Mensch mit dem gutmütig grinsenden Gesicht und den segnenden Händen die oberste moralische Instanz in den gegenwärtigen Weltkrisen sei, - sogar Europas politische und intellektuelle „Elite".

Da ist es kein Wunder, dass „gerechtes" und legales staatliches Handeln in der Meinung der Gutbürger stärkstens beschädigt ist.

„Ehrliches" Benehmen in Österreich

17.05.2016

Österreich wird einen „ehrlichen" Bundespräsidenten bekommen, der dem reinen „Es" verpflichtet ist ohne störende Verkleisterung durch Etikette und „gutes Benehmen". Auch viele deutsche Politiker zeigen diese „ehrlichen" Ansätze in Talkshows, ohne gerügt zu werden, besonders dann, wenn sie gemeinschaftlich auf AfD-Vertreter losgelassen werden.
Außerdem schafft es so leicht kein Bundespräsident, auch kein deutscher, ein Otto Wels, Winston Churchill oder Martin Luther King zu werden, über deren Reden sich nicht nur Schöngeister oder Moralisten freuten.
Es gibt dazu auch noch recht häufig die Variante, „höflichst" großen Quatsch abzusondern.

Schulzens Welt

30.05.2016

In einem Interview (WELT vom 30.05.2016) beschreibt Martin Schulz den Ist-Zustand in Europa sehr genau:
Die Regierungen der EU verfolgen unterschiedliche „ideologische"(sic!) Konzepte.

Es gibt völlig entgegengesetzte ökonomische Denkschulen: Sparen oder staatliche Investitionen.

Die Staaten beanspruchen weiterhin die Steuerverantwortung.

Die EU muss grundsaniert werden. Eine Reform ist nötig.

Nun ist Schulz aber der letzte, der zuerst die EU kritisiert und eine Reform angemahnt hat. Wie sieht aber nun seine Lösung aus für ein „reformiertes" Europa? Es ist die alte Schulz- und Bundesstaat-Leier: „Mehr Europa!" / „Mehr zentrales Brüssel". Aber gerade auch diese Forderung bringt die Menschen auf die Barrikaden und lässt sie rechts wählen.

Brexit

15.06.2016

In einem Kommentar wird bezweifelt, dass der Wunsch vieler Briten, aus der EU auszutreten, nicht auf rationalen Argumenten beruhe.
Nun ist zu fragen, ob Merkels und Brüssels Migrantenpolitik und das Verschweigen negativer Folgen durch zugewanderte Muslime ausschließlich auf rationalen Argumenten beruht, ob die Zuwanderung in die Sozialsysteme, ob die Unfähigkeit, die Grenzen zu schützen, ob der verzweifelte Versuch, Griechenland im Euroraum zu halten, ob Draghis Geldpolitik alternativlos ist, ob der öffentliche Zwang, die LGBT-Community zu lieben und die

Patchworkfamilien als das moderne Non-plus-ultra anzuerkennen, ausschließlich rational begründet werden kann, -
ob generell nur „linksliberale" Entscheidungen gesellschaftlichen Fortschritt generieren?

Umso schlimmer für die Realität

22.06.2016

Als Hegel darauf hingewiesen wurde, dass die Realität aber gar nicht mit seinen Theorien darüber übereinstimme, da soll er geantwortet haben: „Umso schlimmer für die Realität"!
Gleiches antworten die Fanatiker des Euro oder eines zentralistischen europäischen Bundesstaates.

Brexit und Solidarität

24.06.2016

Solidarität und Mitmenschlichkeit sind unteilbar.
Die Griechen, denen es aus eigener Schuld ganz schlecht geht, werden von der EU und den Euroländern, wozu sie weiterhin gehören sollen, gerettet.
Wenn es den Engländern in der Zukunft aufgrund eigener Schuld ganz schlecht gehen sollte, dann müssen sie trotzdem von der EU, zu der sie nicht mehr gehören wollten, gerettet werden, weil Solidarität und Mitmenschlichkeit unteilbar sind.
Außerdem müsste Europa den Engländern geradezu dankbar sein, dass sie das Experiment des Austritts gewagt haben. Wenn das schief geht, dann werden die Länder der EU enger zusammenrücken und keines käme noch auf den Gedanken auszutreten.

Wieder gibt´s den Widerspruch: Doof gegen klug

26.06.2016

Auf jeden Fall gibt es zwischen beiden Aussagen keinen logischen Widerspruch. Eine typische Meinung über das Remain-Lager ist: „liberal, weltgewandt, vielsprachig, den Blick nach Europa gerichtet". Typisch für das Leave-Lager ist: „liberal, weltgewandt, nicht einsprachig, den Blick auf die eigene Souveränität gerichtet".
Nach anderen Einschätzungen gehören zu diesem Lager aber nur die Abgehängten, Bildungsfernen und Bauern.
Der Ausgang des Brexit ist noch lange nicht entschieden, auch wenn der typische Buchhändler aus Würselen die Briten mit einer kleinkarierten, rachsüchtigen Zeitdrohung zu bestrafen sucht.

Sicher ist, dass 73 Prozent der 18 - 24-Jährigen für Europa gestimmt haben. Dass aber nur 32 Prozent dieser Altersgruppe zur Wahl gegangen sind, wird selten erwähnt.

Die Nachkommen von Lord Nelson

27.06.2016

Die Lage in Großbritannien ist nach dem Brexit kompliziert. Doch ein wichtiger EU-Leader hat im Gegensatz zur Brüsseler Hektik und aus liebevoller Fürsorge für die Briten bereits erklärt: „Wir schaffen das!"
Ein anderer soll an die Anweisung Lord Nelsons erinnert haben, die er am Vorabend der Schlacht von Trafalgar im Oktober 1805 an die Kapitäne seiner Flotte übermittelt hat:
„Something must be left to chance, nothing is sure in a sea fight" - etwas muss dem unberechenbaren Augenblick überlassen bleiben, nichts ist sicher in einer Seeschlacht. Der Kreativität muss Raum bleiben.
Erstaunt erklärt dagegen zum riskanten Verhalten der Briten ein Rechtsexperte, wahrscheinlich kein Mitglied einer Seefahrernation: „Die Brexit-Befürworter haben niemals über die Verhandlungsposition nachgedacht".
Und ein anderer erkennt scharfsinnig, dass die Scheidungsverhandlungen zwischen den Briten und der EU nicht einfach werden dürften.
Insgesamt aber darf man gerne optimistisch bleiben, denn die EU ist „flexibel". Sie hat schwerste Verhandlungen mit Griechenland geführt und führt sie nach Jahren immer noch. Sie hat die „bail-out"-Klausel abgeschafft und das Dublin-Abkommen außer Kraft gesetzt. Und Jean Claude Juncker war in Notsituationen sogar bereit zu lügen.

Rousseau und Marx und das „neue" Europa

29.06.2016

Kontinentaleuropa ist seit ca. zwei Jahrhunderten infiziert durch Ideen von Rousseau, erweitert durch Gauting (die Gesellschaft ist schuld, wenn der ursprünglich reine Mensch verdorben wird) und von den Ideen von Karl Marx (u.a. die Ursünde der Menschen ist die Schaffung von Privateigentum), von Erich Honecker und weiteren Brüdern im Kleingeiste exekutiert.

Diese Konditionierung von Jahrhunderten in einem „neuen" Europa zu beseitigen, ist schwer, wenn nicht sogar unmöglich.

Ringelnatz und Brexiteers

01.07.2016

Ringelnatz beschreibt in folgendem Gedicht eine allgemein menschliche Gemütslage. Genau diese Gemütslage glauben die gegenwärtigen Kritiker auch an den Brexiteers zu erkennen:

Wir wissen alle von nichts.
Wir tappen im Dunkeln.
Wir sehen den Schimmer des Lichts
Im Spiegel nur funkeln.

Wir wollen nicht fragen,
Die Antwort macht kühl.
Wir lassen uns tragen
Von unsrem Gefühl.

Wir lassen uns treiben
Im Schein und vom Schein.
Wir können nicht bleiben.
Doch wollen wir sein.

Flüchtlingskrise

06.07.2016

Zur finalen Gestaltung Europas werden viele divergierende Modelle entworfen, auch zur Regelung der Flüchtlingskrise. Diesen Modellen sei ein weiteres hinzugefügt.
Europa muss zu einer „Festung" ausgebaut werden. Hinein dürfen nur legale Migranten und Flüchtlinge, die interessegelenkt ausgewählt werden, deren Status strengstens geprüft wird und deren Verteilung gesichert ist.
Aus dieser Festung heraus sollten Gelder größter Barmherzigkeit fließen für notleidende Menschen in ihren Heimatländern oder grenznahen Fluchtorten. Mit diesen Geldern könnte man einer sehr viel größeren Zahl von Notleidenden und Schutzbedürftigen helfen, als für diejenigen Menschen ausgegeben werden muss, die es nach Europa geschafft haben und ihren Ländern beim Aufbau fehlen.

Relativierungen

12.07.2016

Wenn auch im Zusammenhang mit dem Brexit der Wert von Volksentscheiden stark bezweifelt wird und real nach Meinung vieler Unsinn anrichten kann, dann dürfte die Aussagekraft von Volksbefragungen nicht höher liegen.
Dass die Deutschen, wie aus einer Umfrage des US-

Meinungsforschungsinstitutes Pew hervorgeht, den Zustrom von Flüchtlingen im Vergleich zu anderen Ländern relativ gelassen sehen, ist in einem so reichen Land wie Deutschland nicht erstaunlich, und dass ihnen Muslime und deren kulturelle, auch gewalttätige Eigenarten „schnurzegal" sind, ist ebenfalls kein Wunder oder von höherer Einsicht, wenn fast alle etablierten Parteien und Medien im „Islam" überhaupt kein Problem sehen und die Bürger mit dieser Meinung täglich bombardieren.

Die Folgerung aus Volksentscheiden und -befragungen müsste also lauten: „Beide bilden die Realität nicht (immer) ab".

Die Macht des Faktischen

14.07.2016

Die Macht des Faktischen und die Macht der Kritik beginnen nach dem Brexit zu wirken.

Die EU-Kommission will das „Asyl-Shopping" durch einheitliche Asylregeln abschaffen. Vermehrt wird auch nach einem Reset der europäischen Institutionen gerufen. Darunter verstehen einige „noch mehr Europa" bis zur finalen Lösung einer europäischen Regierung, die nationale Regierungen ersetzt (Vorschlag eines Buchhändlers, der auch schon für den Dienstag nach der Leave-Entscheidung die Austrittserklärung der Briten auf seinem Schreibtisch sehen wollte). Andere wollen dagegen die Souveränitätsrechte der nationalen Regierungen gegenüber Brüssel wieder stärken.

Wohin eigentlich hätten Schulz und Juncker die EU ohne Realitätsdruck und Kritik geführt? Hätte es eine gemeinsame europäische „Willkommenskultur" gegeben? Gehörte der Islam - welcher auch immer - zu Europa? Blieben die Schengengrenzen auch weiterhin löchrig und wäre dann nationale Grenzsicherung Teufelswerk? Wäre die „Bail-out-Klausel" vollkommen aus dem Gedächtnis gestrichen worden?

Ich schlage eine Historikerkommission vor, die eindeutige Unsinnsvertreter oder Wendehälse in der EU-Politik der Vergangenheit in einer Liste veröffentlicht.

Gegen Terrorismus mehr Europa

02.08.2016

Angesichts der letzten Terroranschläge und Amokläufe wird der EU vorgeschlagen, sich verstärkt um eine gemeinsame Außen-, Sicherheits- und Verteidigungspolitik zu bemühen.
Für das Zusammenwachsen Europas ist das ein plausibler Vorschlag --- für die Zukunft!
Denn was könnte eine gemeinsame Politik in den drei Bereichen gegen den Typus „Terrorist", der Europa jüngst in Angst und Schrecken versetzt hat,

bewirken? --- Gar nichts!

Diese Terroristen werden nahezu einstimmig als labile Psychopathen beschrieben, die ihr verpfuschtes Leben in einem finalen Knall erhöhen wollen. Ihnen hehre Motive zu unterstellen, die einer gewissen Logik nicht entbehren, wie „Kampf gegen westliche Werte und Lebensweise", wird eher dazu führen, dass noch mehr einsame „IS-Soldaten" ihre Bühne suchen.

Bei einer löchrigen Schengengrenze und höchst unterschiedlichen Zuwanderungsregeln ist es für einzelne Nationalstaaten kurzfristig viel effektiver, Grenzen und Einwanderer zu kontrollieren, die Polizei zu verstärken, komplizierte Methoden zu entwickeln, um gewalttätige Psychopathen, die mit dem Leben abschließen wollen, früher zu erkennen, sich die Gründe ehrlich klar zu machen, weshalb einige Länder bisher von Attentaten verschont blieben, und vor allem die Gefahr nicht zu verdrängen dass ca. 15 Prozent der hier schon lange lebenden Muslime Terroranschläge zur Durchsetzung ihrer Meinung vom Islam befürworten, der keineswegs barmherzig und friedlich ist.

Einen von Experten und Politikern unterstützten Vorschlag gibt es allerdings, für den sich die Europäer gemeinsam stark machen sollten:
Große Erstaufnahmelager in Griechenland, Italien und Nordafrika einrichten, wo über Bleiberechte entschieden wird.

PS Es sollte endlich einmal der Unterschied klar gemacht werden zwischen Individualethik und staatlicher veranwortungsvoller Moral

Bundesstaat oder Staatenbund

11.08.2016

Es ist ein mittelgroßer Unterschied, ob das Ziel für EU und Europa ein Bundesstaat oder ein Staatenbund, - ein „Europa der Vaterländer" -, sein soll.
Einen solchen Staatenbund als „Rückfall in das Chaos von Nationalstaaten" zu bezeichnen, dürfte einem Tunnelblick entspringen.
Denn auch in einem „Europa der Vaterländer" kann und darf es übergeordnete Strukturen geben, die „das Volk" nicht vehement ablehnt: eine gemeinsame Terrorabwehr kann in Brüssel zentralisiert werden, genauso wie ein gemeinsames Asylrecht oder eine gemeinsame Wirtschaftspolitik gegen mächtige Gegner wie China und die USA.

Merkels Grenzöffnung am 04.09.2015 und ihre Willkommenspolitik als „Bewährungsprobe historischen Ausmaßes" zu werten und dauernd das Mantra den Völkern Europas vorzubeten, dass die Vorteile eines EU-Bundesstaates - mit Schulzens und Junckers Brüssel als Hauptstadt - größer seien als die Nachteile, sind unter keinen Umständen Beiträge zu einer akzeptierten gemeinsamen Struktur.

PS Und die Analyse eines WELT-Journalisten, dass „China und die USA den Papiertiger EU in die Knie zwingen" wollen, kann nur dem Geiste des besoffenen Hegels in Jena entspringen.

Europa macht sich lächerlich

26.10.2016

Es ist für einen Bundesstaat wie Kanada sehr viel leichter, ein Handelsabkommen zu schließen als für den gegenwärtigen Staatenbund „Europa", der sich weiterhin in einer Identitätskrise befindet, der noch nicht weiß, was er sein will.

Europa macht sich daher in den Verhandlungen um Ceta lächerlich, wenn ein kleines Regionalparlament wie die Wallonie ein sinnvolles Projekt (zunächst) verhindert.

Diese weltweite Lachnummer sollte dazu führen, Entscheidungen in der EU mit qualifizierter Mehrheit zu beschließen statt einstimmig. Die Theorie des Staatenbundes mit eigenen wichtigen Kompetenzen der Mitglieder könnte weiter Bestand haben, wenn man eine Sammlung von vernünftigen Elementen im Überbau „erkämpft". Eine Rückkehr zum Nationalstaat alter Prägung wäre in der Tat eine Katastrophe. Und zu dieser Sammlung gehören dann zweifellos Mehrheitsentscheidungen wie sie auch in einem Bundesstaat üblich sind.

Syrien und Irak

Saddams Beseitigung und die Folgen

07.07.2016

Jetzt ist in England ein Untersuchungsbericht erschienen, der die Rolle von Tony Blair im Irakkrieg des „Erzbösewichtes" George W. Bush zu erklären versucht.
Sowohl er als auch Bush werden darin nicht wie üblich als Kriegstreiber dargestellt, sondern als Politiker, die es an Weitblick fehlen ließen. Sie hätten den Falschmeldungen von Geheimdiensten vertraut, dass Saddam Massenvernichtungswaffen besäße. (Wem hätten sie sonst vertrauen sollen?)
Der größte Fehler beider soll darin bestanden haben, dass sie zwar das Land von Saddam Hussein befreit hätten, aber dem befreiten Land noch nicht einmal ein Minimum an Stabilität und Recht sichern konnten.
Dazu schreibt ein Kommentator der WELT, dass „die Vorstellung, die Verhältnisse wären stabiler und friedlicher, wenn man Despoten wie Saddam hätte weitermachen lassen, abwegig" sei.
(mit keinem Satz wird die stereotype Behauptung wiederholt, dass erst George W. Bush mit seinem Krieg den IS stark gemacht habe. Das war eher der Schiit Maliki).

Eine fundierte historische Bewertung des Irakkrieges stehe laut Kommentator noch aus. Aber wenn Saddam geblieben wäre, dann hätte er sich sicherlich der Herstellung chemischer, biologischer und nuklearer Waffen widmen können.
Abschließend wird die interessante Meinung vertreten, dass der von Obama verordnete Rückzug verheerend gewesen sei, weil danach der Terror in den Irak zurückkehrte.

PS Bei diesen Befunden ist es sehr schwer zu verstehen, weshalb Gerhard Schröder hoch gelobt wird, damals eine Beteiligung am Krieg abgelehnt zu haben. Von einer späteren Lüge konnte er noch gar nichts wissen. Eine genial andere Interpretation der Geheimdienstinformationen ist unwahrscheinlich. Ging es vielleicht doch eher um die Vorstellung einer bipolaren Welt zusammen mit Putin, Chirac und ihm gegen die Übermacht der USA?

Tony Blair und der Irakkrieg

09.07.2016

Tony Blair und George W. Bush sind keine Kriegsverbrecher, selbst wenn ein jüngst in England erschienener Untersuchungsbericht diese Unterstellung suggeriert.
Möglicherweise wollte Bush einen „bellum iustum" führen und hat Berichte seiner eigenen Geheimdienste aus aggressivem Interesse zu positiv

interpretiert. Nach 9/11, dieser schrecklichen Katastrophe für die USA, war seiner Meinung nach wohl unabdingbar der Beweis notwendig, dass die USA kein „Papiertiger" wären, und dass Saddams Entfernung von der Macht moralisch gerechtfertigt sei. Blair, ein Ehrenmann, hat ihm, wie viele andere auch, geglaubt, dass Saddam Massenvernichtungswaffen besäße.

Nun zu dem in dieser Beziehung hoch gelobten Duo Schröder und Fischer: Schröder verweigerte im Irakkrieg als erster Kanzler in der Geschichte der Bundesrepublik den USA die Gefolgschaft, obwohl er nach 9/11 „uneingeschränkte Solidarität" versprochen hatte. Es ist wenig glaubhaft, dass beide Politiker allein angeblich besseren deutschen Geheimdienstberichten vertrauten. Es war aber offensichtlich, dass Schröder mit diesem Kurs die schon verloren geglaubte Bundestagswahl Ende September 2002 zu gewinnen glaubte, weil die Deutschen jahrzehntelang auf blinden Pazifismus getrimmt wurden. Diese Gründe verschwiemelte er, indem er vorgab, mit den Amerikanern „auf gleicher Augenhöhe" zum Wohle Europas verkehren zu wollen. Jacques Chirac übernahm zur freudvollen Erleichterung Schröders die Führung in der US-kritischen Koalition. Mit diesem Ziel bildeten sie ein Dreierbündnis gegen die Interessen der USA zusammen mit Russlands „willigem" Putin, - ebenfalls wie der Franzose Chirac eine Veto-Macht im UN-Sicherheitsrat.

Die Vorgeschichte dieses Krieges sollte nicht nur der damalige BND-Präsident Hanning erzählen, sondern auch sein US-Kollege George Tenet. Und wie der Lauf der Geschichte ohne Beseitigung Saddams weitergegangen wäre, bleibt sehr unklar. Hätte er nicht vielleicht doch im Konflikt mit dem Iran und dessen Streben nach der Atombombe eigene Massenvernichtungswaffen angestrebt? Insofern wäre Bushs Krieg sogar ein begründbarer Präventivschlag gewesen.

Ich könnte mich irren.

Das „Böse"

18.07.2016

Der „Böse" hat gegenüber dem „Guten" den Vorteil, böse sein zu dürfen.
Daher stellt sich bei allen Katastrophen der Gegenwart die Frage, ob „höfliche Diplomatie" oder allein „rechtsstaatliche Antworten" auf Gewalt jemals schon Krisen und Kriege verhindert haben.

Aleppo

30.07.2016

Wenn allein zwei Tatsachen meine Position im syrischen Bürgerkrieg bestimmen würde, dann wäre ich auf Seiten der Russen und der Regierungstruppen von Assad:

Der IS, al-Nusra und andere oppositionelle Islamisten zünden oder schmeißen Bomben auf Marktplätze **ohne** jeglichen militärischen Sinn. Es soll möglichst viele Tote geben.
Die Gegenseite schmeißt auch tödliche Bomben, allerdings **mit** militärischem Sinn. Sie wollen damit den IS und al-Nusra vernichten. Dabei kommen auch Zivilisten ums Leben, häufig bezeichnet als Assads „eigenes Volk". Sie sterben aber auch deshalb, weil sie von Assads Gegnern als Schutzschilde missbraucht werden, wie gerade in Aleppo. Dort wurden vier Fluchtkorridore aus dem belagerten Ostteil der Stadt eingerichtet. Doch die Zivilisten können nicht fliehen, weil sie daran gehindert werden. Sie sollen weiterhin als Geiseln instrumentalisiert werden. Die Berichterstattung ist verworren. Es könnte alles auch ganz anders sein.

Ich möchte auch sehr gerne wissen, wie die USA und ihre „guten" Verbündeten den IS und al-Nusra in Aleppo bekämpfen würden.

Aleppo und Paintball-Spiel

08.10.2016

Es fehlt von westlichen Regierungen eine eindeutige Aussage, wie sie denn das Problem ‚Aleppo' lösen wollten. Mit dem IS verhandeln?
Auch Rakka und Mossul müssen von tollwütigen Massenmördern befreit werden. Da ist es sehr interessant, ob das mit westlichen Friedenstauben, Gebeten oder Spielelementen des Paintball geschehen kann.
Assad und die Russen wollen in Ost-Aleppo ohne Rücksicht auf die Zivilbevölkerung einen militärischen Sieg über den IS, al-Nusrah u.a. erringen. Vorrangiges Ziel dabei ist es sicher nicht - wie behauptet wird – n u r die Zivilbevölkerung zu bombadieren. Das wäre militärisch völlig sinnlos, obwohl die Alliierten es mit dieser „Barbarei" im Zweiten Weltkrieg mit Dresden probierten.
Eine Stadt in einem Häuserkampf einzunehmen, ist eine der schwierigsten militärischen Operationen überhaupt, zumal dann, wenn die „Zivilbevölkerung" als Schutzschild benutzt wird.
Die Israelis haben es in der letzten Gaza-Invasion tatsächlich geschafft, die Zivilbevölkerung weitestgehend zu verschonen. Aber sie wollten nur Tunnelsysteme zerstören und keine ganze Stadt erobern. Ansonsten aber haben gegnerische Truppen noch nie eine verteidigungsbereite Stadt - oder sind gescheitert - ohne Zerstörungen erobert: Stalingrad, Königsberg, Berlin, Groszny.
Und ein tumber, dauernd wiederholter Vorwurf bleibt ärgerlich:"Wenn das so weitergeht, dann werden auch die gemäßigten Rebellen radikalisiert". Es ist gegenwärtig das Schicksal im Nahen Osten, dass nach der Beseitigung eines Diktators sich Chaos verbreitet, ein neuer Diktator die Bühne betritt oder die Theokratie lauert.
Wenn den Terroristen (und vielen Kritikern) so viel an Menschenleben

gelegen ist, dann sollten sie die weiße Fahne hissen. Denn Siegchancen haben sie nicht.
Außerdem ist doch sehr fraglich, ob alle 250.000 Einwohner Ost-Aleppos - oder sind es mehr oder weniger? - mit dem IS-Regime in ihrer Stadt einverstanden sind.

Putinversteher

19.10.2016

Es ist nicht abwegig, falls Putin für die Ostukraine eine Art Status wie Südtirol fordern würde. Über die Modalitäten muss verhandelt werden.

Es ist nicht abwegig, wenn er in Syrien die Ziele verfolgt
-im Nahen Osten Einfluss zu gewinnen,
-seine Militärbasis in Tartus zu schützen,
-IS, al-Nusrah und fast alle anderen islamistischen Rebellen abzuschrecken, im Süden Russlands Terrorakte zu begehen
-dem säkularen Autokraten Assad (mit Frau ohne Kopftuch) zu helfen, genozidale Bestrebunen an den Alawiten, wie sie schon 2011 in Syrien von schwer bewaffneten „Rebellen" versucht wurden, mit allen militärischen Mitteln zu verhindern.

Über unpolitische Kommentare, dass Putin „demütigen" und „brüskieren" wolle, dass er Merkel „bösartig" auf einer Konferenz mit einem Labradorhund erschrecken wollte und über weitere Analysen seiner charakterlichen Schwächen dürfte er sich amüsieren.

Trump USA

USA schaffen sich nicht ab

28.08.2016

Hannes Stein singt in der WELT vom 28.08.2016 das Hohe Lied der amerikanischen gesellschaftlichen Toleranz, die in den Staaten eher als ein „Naturrecht" angesehen wird. Er verklärt diese Situation nahezu zum Ideal einer Gesellschaft mit Vorbildcharakter. Da gebe es eine Fülle von Parallelgesellschaften, ein nackter Cowboy steht neben einer Burkaträgerin, Amish mit komischen Hüten und langen Bärten erregen kein Ärgernis.

Er vergisst aber offenbar, dass die USA ein Kontinent sind, Deutschland aber nur ein kleiner Nationalstaat. Wenn z.B. die US-Menge an Parallelgesellschaften ihre Eigenarten durchsetzen könnten, dann würde Deutschland sich abschaffen.

Er erkennt nicht, dass zwar für Amerikaner die Burka ein religiöses Kleidungsstück sein mag, für die meisten Europäer aber nicht. Es ist eher ein kulturell und politisch begründetes, von Männern oktroyiertes, Demonstrationsobjekt. Sofern es freiwillig getragen wird, hat die Trägerin einen Knall.

Er verdrängt, dass auch Amerikaner die illegale Zuwanderung aus Mexiko nicht „tolerant" ertragen.

Wahl in USA mit dem Nero der Neuzeit

06.11.2016

Trump, dem Irrsinnigen, wird (wie auch Nero) zugestanden, Positives zu bewirken, nämlich „echte" Probleme anzusprechen: die ausufernde Zuwanderung, die viele als Konkurrenz und Bedrohung der eigenen Identität empfinden. Er warnt vor Clinton als zweiter Merkel. Er beklagt den Verlust der Industriearbeiterplätze, er will militärische Einsätze stärker überprüfen lassen und außerdem von anderen Nato-Mitgliedern höhere finanzielle Beiträge verlangen. Für Bill Clinton war die Wirtschaft entscheidend für die Wohlfahrt einer Gesellschaft (It´s the economy, stupid). Trump nun zwingt Amerika eine Wertedebatte auf. Es geht wie in Deutschland um das Problem, dass „Wissende" und Moralisten denjenigen Wertevorstellungen aufzwingen wollen, die sie nicht haben wollen. Die Vorwürfe sind gleich: „Pack" oder „Pöbel" und „white trash" oder „erbärmlicher Haufen".

Es gehört offenbar zu jeder Partei der Glaube, sie allein vertrete Ehrlichkeit, Wahrheit, Moral, Kompetenzen, wohingegen sich die „anderen" immer auf dem Irrweg befinden. „white trash" heißt in Deutschland dann „right trash".

Trump

09.11.2016

Nun hat also Trump gewonnen und Deutschland liegt am Boden, gar nicht so sehr die USA, denn dort wurde Trump ja gewählt, von Millionen von Idioten wie es heißt. Sehr vielen Deutschen bleibt nur noch der Selbstmord.
Ein einzelner Mann hat es geschafft, die Hälfte der Amerikaner zu manipulieren und ins Verderben zu führen.
Ein Grund für Trumps Sieg, der bisher noch nie genannt wurde, könnte sein, dass in den USA die dort verbreitete Anti-Hamlet-Mentalität (der existenzielle zweifel) gesiegt hat. Sie schießen zuerst und fragen dann.

Donald Trump-Bildungsgrad-Einfache Antworten

11.11.2016

Das Denkmuster: „Nur **Arme und Doofe** wählen Populisten" wird mehr und mehr korrigiert. Bildungsgrad scheint kein Kriterium für gute Politik zu sein. Bei den Landtagswahlen 2016 in Baden-Württemberg lag der Anteil der Wähler mit hoher Bildung für die Grünen bei 35%. Die Politik aller Grünen vermittelt aber sehr häufig den Eindruck, als wenn Doofe sie entworfen hätten.
Auch die weiterhin allgemein gültige Meinung des Mainstreams, **einfache** Antworten auf die Probleme der Zeit würden keine Lösungen bieten, sondern nur komplexe, bedarf einer Korrektur.
Denn für Gesetze der Physik und anderer Wissenschaften gilt der Grundsatz, dass sie klar und einfach formuliert sein müssen und nicht dunkel und widersprüchlich.
Hinzu kommt, dass „einfache" Antworten der Populisten, die diese bereits Jahre vorher gegeben haben, in der Gegenwart von den regierenden, Komplexität liebenden „Eliten" übernommen werden. Ich habe das Gefühl, dass mit „Einfachheit" und „Komplexität" mindestens für Deutschland auf bestehende Gesetze angespielt wird. Wenn dies aber einer effektiven „Einfachheit" im Wege stehen, dann müssen sie geändert werden.

Dschingis Trump

12.11.2016

„Good fences make good neighbours"
Mauern haben eine Funktion. Sie lassen nicht raus (DDR) oder sie lassen nicht rein (Chinesische Mauer, limes) oder sie grenzen ab (Belfast, Israel).
Welche Funktion hätte eine Mauer zu Mexiko?: Sie ließe ungebetene Gäste nicht in die USA. Die USA haben bisher auf strengste Kontrollen an ihren Grenzen und Flughäfen gesetzt, um dieses Ziel zu erreichen. Darüber regt sich keiner auf. Nun soll das auch noch eine materielle Mauer schaffen.
Die Funktion, ungebetene Gäste abzuhalten, wird gar nicht besonders

problematisiert oder kritisiert. Wohl aber die horrenden Kosten eines solchen „Monstrums", die die zahlreichen Kritiker außerhalb der USA aber gar nicht tragen müssten
Que sera, sera? What ever will be..

Trump: Gehirn- und Villeneinrichtung einer Geisterbahn

14.11.2016

Es ist wahrlich überraschend, wenn so ein proletenhafter Politclown, als der er im Wahlkampf aufgetreten ist und sich real in seiner horriblen Wohnungseinrichtung zeigt, dennoch in seinen Plänen (oder in Plänen seiner Berater) vielleicht auch etwas Richtiges sagen kann:

„Trump" oder besser: seine Experten wollen aus dem Pariser Klimaschutzabkommen aussteigen. Könnte es sein, dass sie zwar nicht den Klimawandel leugnen, wohl aber CO_2 als einzigen Grund für den Anstieg der Temperaturen. (Unsere „liebe" Sonne könnte ein weit stärkerer Grund sein). Denn dann würde selbst die schnellste Dekarbonisierung der Weltwirtschaft wenig Sinn machen, um in diesem Jahrhundert die Erderwärmung unter zwei Grad Celsius zu halten.

„Trump" verlangt von den Nato-Partnern größere finanzielle Anstrengungen, um den US-Haushalt zu entlasten. Die eingesparten Gelder könnten in den USA bestens für die versprochene Optimierung der Sozialleistungen verwendet werden. Man würde so eine Lücke zwischen Europa und den USA ein wenig schließen.

„Trump" will die Landgrenze zu Mexiko noch effektiver als bisher schützen - mit einer „Mauer", wo es nötig ist. Dass er insbesondere auch keine muslimischen Einwanderer haben will, ist kein Alleinstellungsmerkmal. Diese Ziele sind auch in Europa immer mehr anerkannt. Das Ziel, das Eindringen von Illegalen zu verhindern, dürfte ebenfalls bei einem Teil der deutschen Kritiker nicht umstritten sein. Die Abschiebung von zwei bis drei Millionen Kriminellen wird schon eher zu einem „Aufschrei" führen. Aber immerhin soll diese Mauer nicht dazu dienen, US-Bürgern das Verlassen ihres Landes unmöglich zu machen.

„Trump" oder besser: seine Experten wollen die Unternehmenssteuer drastisch senken und Unternehmen, die ins Ausland abwandern, mit Zöllen bezahlen lassen. Diese Maßnahme zusammen mit Verbesserungen der Infrastruktur könnten Arbeitsplätze halten oder vermehren.

„Trump" will „Obamacare" nicht abschaffen, sondern ändern. Kritik an Obamas Krankenversicherung ist auch schon vor Trump von neutralen Experten geäußert worden.

„Trump" wird nicht alles, was er im Wahlkampf verkündet hat, umsetzen können, da einige Entscheidungsbefugnisse allein bei den Bundesstaaten liegen und er nicht sicher sein kann, dass alle republikanischen Senatoren oder Parlamentsangehörige ihm immer folgen werden.

Alle sind „irgendwie anders"

15.11.2016

In den USA ist wahrscheinlich ein ausgewiesener, unmoralischer Politclown zum Präsidenten gewählt worden. Daraus wird gefolgert, dass die Amerikaner „irgendwie anders" sind.
Aber auch die Deutschen waren und sind bei Wahlen „irgendwie anders":
1932 haben sie mit 37,3% Hitler und die NSDAP gewählt.
Nicht alle - sogar auch im freien Westen nicht - lehnten die „moralisch bessere" DDR-Diktatur ab und haben Vollpfosten wie Stoph und den Dichter Honecker (Den Sozialismus in seinem Lauf, halten weder Ochs noch Esel auf) gewählt oder hofiert.
In der Bundesrepublik werden die Nachfolger der SED mit einem beträchtlichen Stimmenanteil in Landesparlamente gewählt.
Viele Grüne, die dem möglichen clownesken Irrsinn von Trump kaum nachstehen, werden gewählt, weil sie Politik durch Moral ersetzen. Einer ihrer Steinewerfer hat sich sogar zum Außenminister gewandelt.

Also ist es vielleicht ein guter Vorschlag: Bei den nächsten Wahlen in den USA wählen die Deutschen anstelle dieser „irgendwie anderen" Amerikaner.

Irrsinn

Margot Honecker, die „lila Hexe"

08.05.2016

Es ist ein weiteres Beispiel unter vielen für geschichtliche Tragödien, dass so ein völlig beschränkter und ungebildeter Mensch wie Margot Honecker die Ursache war für so großes Leid in der Welt.
Schmore in der Hölle, du „lila Hexe"!

VAMUKI

29.05.2016

Liebe Lesben und Schwule,
Ihr könnt den Begriff „Ehe" für Eure Beziehung jetzt haben. Wir, die Mehrheit mit anderer sexueller Orientierung, werden versuchen, einen anderen Begriff zu erkämpfen, den Ihr uns nicht streitig machen könnt. Wir werden uns „VAMUKI" nennen: Vater-Mutter-Kind

Interpretationen von „Eins" bis „Sechs"

05.06.2016

Zum Inhalt des Deutschunterrichtes gehören Interpretationen. Die werden benotet von „Eins" bis „Sechs", je nach Güte.
Auch Journalisten interpretieren. Es ist nun gänzlich abwegig, alle Interpretationen dieser Spezies, die ja auch mal Schüler war, mit „Eins" zu bewerten. Da gibt es eben auch je nach IQ Unterschiede von „Eins" bis „Sechs".

PS Das Auseinanderklaffen von idiotischen Fragen zweier WELT-Journalisten, die davon besessen sind, „den Biedermännern/-frauen die Maske vom Gesicht zu reißen", und den dennoch klugen Antworten von Frauke Petry kann man sehr gut in der WamS vom 05.06.2016. erkennen.

Barmherzigkeit aus der „Festung"

06.07.2016

Zur finalen Gestaltung Europas werden viele divergierende Modelle entworfen, auch zur Regelung der Flüchtlingskrise. Diesen Modellen sei ein weiteres hinzugefügt. Kein Irrsinn!

Europa muss zu einer „Festung" ausgebaut werden. Hinein dürfen nur legale Migranten und Flüchtlinge, die interessegelenkt ausgewählt werden, deren Status strengstens geprüft wird und deren Verteilung gesichert ist.
Aus dieser Festung heraus sollten Gelder größter Barmherzigkeit fließen für notleidende Menschen in ihren Heimatländern oder grenznahen Fluchtorten.
Mit diesen Geldern könnte man einer sehr viel größeren Zahl von Notleidenden und Schutzbedürftigen helfen, als für diejenigen Menschen ausgegeben werden muss, die es nach Europa geschafft haben.

Quatsch-Ranking

06.07.2016

Wenn man ein Quatsch-Ranking erstellt auf einer nach oben hin offenen Politskala einträgt, dann ist linker und rechter Quatsch häufig gleich, z.B. der von Göring-Eckardt (Flüchtlinge werden uns geschenkt) und von Gauland (Boateng-Komplex) oder der von linken „Aktivisten" und rechten „Verbrechern".
Aber absurderweise wird linker Quatsch als akzeptabler und höherwertiger geschätzt.

Frühsexualisierung

25.08.2016

Die 68-er haben sich -größtenteils falsch -auf Wilhelm Reich berufen. Sie wollten die Jugend von den ketten zwanghafter Sexualität befreien, um sie frei zu machen für gesellschaftliche Veränderungen zum sozialistischen Paradies. Diese Ideologie hatte wenigstens noch eine innere Logik.
Was Frühsexualisierungs-Propagandisten der rot-grünen Bildungspläne mit ihrer „Pimmel-Puppen-Päderasten-Politik" bezwecken, bleibt im Dunkeln. Welchen Lebensmehrwert oder welche Steigerung des persönlichen Glücks haben Kinder und Jugendliche, wenn sie Begriffe erklärt bekommen, wie Dildo, a tergo, anal, oral, Homosexualität und andere sexuelle Orientierungen?

Idiotische Legenden

07.09.2016

Grenzen können nicht geschlossen werden
Siege sind militärisch nicht möglich
Alle Flüchtlinge kommen aus der Hölle
In Syrien gibt es unter Rebellen auch lupenreine Demokraten
Nur Bildungsferne wählen die „Protestpartei" AfD
„Wir schaffen das!"
CSU ist schuld am CDU-Ergebnis in MV

Merkel hat alles richtig gemacht. Die CDU hat ihre einsamen Entscheidungen nur schlecht erklärt
Die AfD hat keine Lösungen (OK! Aber wer hat sie denn?)

Sexualität - Schwule Lesben Heteros

07.10.2016

A-priori (von vorn herein) gehört ein Penis in die Scheide. A-posteriori („von hinten rein") - nach Erfahrungen im Leben - sind andere Möglichkeiten in Liebe und Sex vorstellbar. Und wenn die Natur ein Geschlecht nicht mit einem Penis ausgestattet hat, dann gibt es auch dafür liebevolle kreative Möglichkeiten des Glücks.

Aber „die Natur" hat sich beim a-priori etwas gedacht.

Twittersammlung

Twitter-Sammlung 9

06.05.2016

Wahr oder falsch?:
Österreich zerstört Europa, wenn es den Brenner kontrolliert.

Merkel erlöst Europa, wenn die Deutschen nicht mehr ihr Volk sein wollen.

Kampf für Europa! Aber ich will meine krumme Gurke!

Gibt es kulturelle Abarten, die selbst ein „toleranter" Relativismus nicht mehr erträgt?

Welche Partei singt am Ende eines Parteitages die Deutsche Nationalhymne, welche nicht?

AfD-Experiment: Kann eine links-sozialistisch durchweichte Gesellschaft ohne Gewalt umgewandelt werden in eine liberal-rechts-konservative?

Endlich hat die traditionelle Familie bei Meinungsgurus ausgedient: Modern und progressiv sind Kinder aus dem Reagenzglas, 2 Väter, 2 Mütter und die Patchworkfamilien.

Twitter-Sammlung 10

19.5.2016

Merkel scheint nur einseitig gebildet zu sein.

Populisten sind populäre politische Konkurrenten, deren Meinung man ablehnt.

Staaten werden nicht mit moralischen Imperativen geleitet, sondern mit gerechten Gesetzen, die eingehalten werden müssen.

Atatürk: „Der Islam gehört auf den Müllhaufen der Geschichte". Merkel: „Der Islam gehört zu Deutschland". Sind wir also Atatürks „Müllhaufen"?

Links geht´s zum Paradies.

Das Gewissen im Mainstream: Thomas von Aquin sagte: „Man muss immer auf sein Gewissen hören, darf aber nicht annehmen, dass es sich nicht irren kann".

Bist Du ein Linksintellektueller, bist Du ein Mensch. Bist Du ein Rechtsintellektueller, bist Du ein Arsch. Die Rechtspopulisten zerstören die Welt. Linkspopulisten gibt´s nicht.

Ein ewiger Kampf findet statt zwischen „Auch wenn alle - ich nicht!" (Etiam si omnes - ego non) und „Wenn alle - ich auch!" (Si omnes - etiam ego"). Die letzte Wendung gewinnt fast immer.

Twitter-Sammlung 12

14.6.2016

Ich freue mich über einen Sieg der Nationalelf nicht deshalb, weil wir ein tolles Grundgesetz haben (Gerhard Schröder gegen den Habermasschen „Verfassungspatriotismus").

Journalisten „befragen" AfD-Politiker nicht, sondern „verhören" sie wie Kriminelle.

Warum singt ein großer Teil der Spieler mit Migrationshintergrund die Hymne „ihres" Landes nicht mit?

Petry hat nichts gegen Özil als Torschützen. Daraufhin saublöde Frage in WamS: „Dann sind Sie für den Islam in der Nationalmannschaft und in Deutschland"?

Wer ist für die Islamisierung des Abendlandes?

„Bist Du nicht meiner Meinung, dann mach ich Dich fertig".

Sie schreiben und schreiben, diffamieren, reden, - aber die AfD ist immer noch da, wie damals als eine „linksliberale Hintergrundsmacht" Kohl wegschreiben wollte.

Zu viele kleine Erdogans werden Kreuzbergs bunte Welt zerstören.

Bei Anne Will konnte keiner Werner Patzelt das Wasser reichen.

Der homo socialisticus und der homo Europeensis scheitern am homo sapiens.

Die DDR war ein schrecklich bescheuerter Staat, aber von westdeutschen blinden Linkspopulisten als der „bessere deutsche Staat" bewertet.

Eskimos sind in der Sahara „raumfremd".

Ich schließe mich dem Dalai Lama an in seiner Kritik an Merkels Migrantenpolitik.

Der Islam, der Islam hat immer recht - bei Linken, Grünen und Gutmenschen, selbst wenn horrender Quatsch behauptet wird.

„Wutbürger werden durch die Geschichte überholt", aber auch Idioten.

Was passiert in/mit Europa, wenn der Brexit für Großbritannien keine negativen Auswirkungen hat?

Deutsche Parteien bieten für einfache Probleme komplizierte Lösungen an.

Ypsilanti muss Bundespräsidentin werden - oder Claudia Roth.

Brexit oder Nicht-Brexit, Vorteile oder Nachteile - es sind Prognosen, die denselben Wert haben wie Wetterberichte.

Existenz der AfD ist besser als das Erstarken der NPD nach Merkels absurder Migrantenpolitik. Also ist die AfD ein Segen für Deutschland.

Twitter-Sammlung 13

23.6.2016

Multikulti ist in Fußballmannschaften kein Problem. Aber nur deshalb, weil Können, Leistung, Stolz und Profit „höherwertiger" sind als Nationalismen.

Theorien zum Euro und zum zentralistischen europäischen Bundesstaat scheitern an der Realität. „Umso schlimmer für die Realität" (Hegel).

Bei mir ist eine Allergie gegen bullshit im Allgemeinen diagnostiziert worden und im Besonderen gegenüber dem Islam in seiner mittelalterlichen Ausprägung.

Warum sollte ich dem dicken Gmk-Lehrer Gabriel oder dem gelben mildtätigen Kürbiskopf mehr vertrauen als Dr. Petry oder Prof. Meuthen?

Wer so große Verschandelung in Deutschland durch Merkels Windspargel erträgt, der kann auch weitere Millionen von Merkels Migranten hinnehmen.

Merkel macht einen riesengroßen Kothaufen und verlangt dann von ihren staunenden, entsetzten Nachbarn, Teile „solidarisch" zu übernehmen.

Die Meinung der wohlmeinenden Linken, der Non-Populisten und „Eliten" an der Macht: „Politiker und Presse lügen nicht, wir sprechen für das Volk".

Wie viele Tote hat seit Jahrzehnten der islamische Terror, einschließlich der innerislamischen Bürgerkriege produziert?

Lieber grün als kühn! 64 Prozent der Deutschen lehnen militärische Gewalt gegen Terrorismus ab. Sie bieten lieber die andere Wange dar.

Der Glaube, man könne allen alles beibringen, ist ein unausrottbares Relikt marxistischer Ideologie. Am Ende grüßt Lyssenko.

Der Islam ist eine Religion des Friedens und der Barmherzigkeit. Wer das nicht erkennt, dem werden Gliedmaßen oder gleich der ganze Kopf abgeschnitten.

Linksliberale Entscheidungen sind nicht per se Garantien für den Fortschritt.

Steigerung: Keine Migranten ins Land lassen - Obergrenzen festlegen - alle, die es nach Deutschland geschafft haben, rein lassen.

Steigerung: nationale Grenzen - Schengengrenzen - keine Grenzen.

Steigerung: islamophil - islamkritisch - islamophob - islamfeindlich.

Was darf gemäß Political Correctness geduldet werden?

Twitter-Sammlung 14

24.06.2016

#Brexit Dankbarkeit ist angesagt: Wenn das Experiment schiefgeht, dann werden die Länder der EU enger zusammenrücken und Gedanken anderer Länder an Austritt erstickt.

#Brexit „Hurra! Der Club hat ein Abenteuer"! (Sir Toby im Stück „In 80 Tagen um die Welt" und gegenwärtig viele aufgescheuchte Polit-Hühner)

#Brexit „Alles für das Volk, nichts durch das Volk"! (Robespierre)

#Brexit Nach Prognosen der meisten klugen Deutschen wird es für die britischen Tölpel in den nächsten Jahren blood, sweat and tears geben. Wunderbar! So viele glückliche Touristen auf Kreuzfahrern und an den Küsten des Mittelmeeres ohne Engländer! Und man ist dann allein im Paradies in MeckPom.

#Brexit Jetzt neues Ziel: Europäischer Staatenbund mit Großbritannien!

#AfD Es wirkt allmählich langweilig, dass die AfD in Kommentaren immer nur mit Streit, Versagen, Ehrgeiz, Charakterschwäche verbunden wird.

#Brexit Nach dem Brexit sind die Non-Populisten untröstlich, z.B. Merkel und der Mann aus Wuerselen. Die Populisten freuen sich aller Orten.

#Kritik „Ich kann zwar keine Eier legen, aber ich merke, wenn sie faul sind" (Karl Kraus)

Twitter-Sammlung 15

30.06.2016

#Brexit In der Bewertung des Brexit offenbaren sich die Generaldilettanten. Augstein hat Glück. Demokratie ist die Staatsform, in der jeder Dummkopf seine Meinung äußern kann.

#Brexit Vermeintlich geistig Behinderte brauchen eine Langzeittherapie und keine zeitliche Drohung eines Buchhändlers.

#Brexit Ganz viele gegenläufige Szenarien für ein zukünftiges Europa. Entwürfe der AfD nur eine mögliche, aber keine verbrecherische Facette.

#Brexit Europa: Ein Bundesstaat mit Transfer oder Staatenbund mit sinnvollem Überbau, aber auch einzelstaatlichen Freiheiten und Verantwortung?

#Islam Nietzsche meinte: „Gott ist tot". Wer ist mutig genug, Allah zu töten?
Freude über den Sieg der deutschen Mannschaft, nicht wg. tollem Grundgesetz (G. Schröder).

#Brexit Vielfältige Meinungen zum Brexit: Wie wäre es mit einer europaweiten Umfrage, welche Gestalt nach Meinung der Bürger die EU haben soll.
Etiam si omnes - ego non. Auch wenn alle - ich nicht. Meistens passiert aber das Gegenteil: Si omnes - etiam ego.
Schnapsidee, einen riesigen Kontinentalstaat mit Brüssel als Hauptstadt schaffen zu wollen aus Nationen mit unterschiedlicher Sprache, Kultur, Ökonomie und Sozialstandards.

#Handschlag Muslime und deutsche Tolerante haben ein Porzellansyndrom, d.h. sie haben nicht alle Tassen im Schrank betreffs Handschlag.

#Handschlag Diesen Stuss erkläre man mal einem Dithmarscher Bauern.

#Brexit Der verlorene Sohn: „Ich sage euch, so wird Freude im Himmel sein über einen Sünder der Buße tut (Brexiteers) mehr als über 99 Gerechte".

#Maischberger Trittin bleibt mit seinem abwertenden Grinsen und seinen provozierenden Fragen der dogmatische Großinquisitor, der er immer war.

#Rechtspopulisten Warum werden immer nur sog. Rechtspopulisten in Talkshows auf „Ja/Nein"-Antworten reduziert?

#EU Warum kommt Südamerika nicht auf die phantastische Idee, einen einzigen vereinten Kontinentalstaat zu schaffen?

#EU Bei allem Negativen wäre jetzt mal ein Kommentar fällig mit der Aufzählung aller seriösen Politiker, die der Welt Heil und Segen bringen.

#Islam Horrender islamischer Schwachsinn macht mich wütend. Hat mit Islam nichts zu tun. Bei gleichem Blödsinn, z.B. von den Aborigines, käme dieselbe Wut.

Twitter-Sammlung 16

14.07.2016

#Islam Beten tötet nicht, aber religiöser Fanatismus mittelalterlicher Krieger. Empört Euch und liefert den Blutsäufern keine Entschuldigungen!

#terrorattack Diese „Barmherzigkeit" ist grauenvoll.

#Integrationsgesetz Dann integrier mal schön, Angela. Denn mangelnde soziale Integration stellt einen großen Risikofaktor für Kriminalität dar.

#Fluechtlinge Wer Merkels Willkommens- und Wir-schaffen-das-Optimismus lobte, der muss ihre 180° Wende bei gleichen Bedingungen kritisieren.

#Fluechtlinge Barmherzigkeit aus der „Festung Europa" spart Geld und ist humaner.

#EU Für welche katastrophalen Krisen in Europa sind „Populisten" verantwortlich?

Ich habe keine Islamo-, sondern eine „Barmherzigkeitsphobie", wenn ich dem Mainstream glauben soll.

#Populismus „Populisten" sind an realen Problemen wie Jugendarbeitslosigkeit, Schuldenberge, Flüchtlingsproblemen usw. bisher nicht beteiligt.

#Brexit „Populisten"= europäischer Staatenbund mit sinnvollem Überbau besser als Kontinentalstaat. Nach Brexit gibt´s immer mehr Populisten!

#Kraft Eine der zehn dümmsten Fragen: „Warum hätte ich etwas verschweigen sollen"?

#Rechtspopulismus Ich bin ein „weltoffener" Rechter. Darf ich das sein?

#Brexit Ringelnatz und Brexit: Wir wissen alle von nichts/ Wir tappen im Dunkeln/ ...Wir wollen nicht bleiben/ Doch wollen wir sein.

In die politische Sprache der rechten Weltanschauung ordne ich mich ein als „weltoffener Rechter". Linke Experten für Gerechtigkeit mag ich nicht.

#EU Warum kommt Südamerika nicht auf die phantastische Idee, einen einzigen vereinten Kontinentalstaat zu schaffen?

#Brexit Wenn die Briten den europäischen Vertiefungsprozess dauernd blockiert haben, warum freuen sich die Vertiefer dann nicht über den Brexit?

#Rechtspopulisten Warum werden immer nur sog. Rechtspopulisten in Talkshows auf „Ja/Nein"-Antworten reduziert?

#Maischberger Trittin bleibt mit seinem abwertenden Grinsen und seinen provozierenden Fragen der dogmatische Großinquisitor, der er immer war.

Twitter-Sammlung 17

13.07.2016

#Schweinefleisch Absurdes Kanzlerinnen-Sprech: „Migranten, seid tolerant gegen deutsche Schweinefleisch(fr)esser"!

#Blair Bei allen subjektiven Wertungen bleibt der größte Fehler im Irakkrieg die Auflösung von Saddams Armee. Zu viele Prognosen in die Vergangenheit.

#Islam Wünschenswert: Rededuell zweier Islamexperten: #Merkel gegen Hamed @hamed_samad

#berlindirekt Merkel-Schatz war nicht einverstanden mit der Schließung der Balkanroute. Aber sie will „lernen, die Außengrenzen zu schützen".

#Brexit Keiner will Kleinst- oder Kleinstaaterei, aber auch keinen Kontinentalstaat. Besser ist ein Staatenbund mit sinnvollem Überbau

#Politik Warum bin ich nicht so wie @Ralf_Stegner oder @ClaudiaRoth ? Welches sind die Gründe für den Gegensatz?

#Brexit #AngelaMerkel Die Deutschen fürchten einen Kontrollverlust des Staates (Quelle: R+V Vers.) Warum nicht die Ungarn oder die Balten?

#Fluechtlinge Hohe Flüchtlingszahlen werden bleiben. Langfristige Lösung: Frieden und nachhaltige Entwicklung. Keine Lösung: Alle aufnehmen. Also: Leid bleibt!

Twitter-Sammlung 18

14.07.2016

#BorisJohnson Abwarten! Der Oxford-Absolvent Johnson könnte die Herzen der Welt gewinnen, genauso wie unser deutscher Steinewerfer ohne Ausbildung.

#Brexit Eine zweite kinderlose Pfarrerstochter (Theresa May) wird die Geschicke Europas bestimmen. Keine Panik! Zum Glück aus der anglikanischen Kirche.

#EU Ich schlage eine Historikerkommission vor, die eindeutige Unsinnsvertreter oder Wendehälse in der EU-Politik in einer Liste veröffentlicht.

#Syria Bürgerkriegsgegner in Syrien einseitig zu verteufeln (Ausnahme: IS und al-Nusra), verhindert eine Libanonlösung („Proporzregierung")

#Brexit Dem Vereinigten Königreich „droht" evtl. alles Mögliche in den Medien: 49% erwarten, 33% glauben, 41% fürchten, 35% können sich vorstellen.

Twitter-Sammlung 19

17.07.2016

#terrorisme Wer waren die blinden Kritiker von Huntingtons Voraussage: „Clash of Civilisations"?

#Geheimdienste Nicht alle Datensätze vom US-Geheimdienst wurden in Deutschland ausgewertet. Dafür fehlte die rechtliche Grundlage! Prost!

#AngelaMerkel Wie viel darf eine Politikerin falsch, und wie wenig muss sie richtig machen, um in Umfragen beliebt zu bleiben?

#NizzaAttack Die dumme Aussage, in Nizza werde die Kluft zwischen Reichen und Abgehängten besonders sichtbar, bestärkt die Gründe für Terror.

#NizzaAttack „Antimuslimische Ressentiments sind nicht zu rechtfertigen" Welche heroische Emotionssperre erwarten politische Moralisten vom Volk?

#Nizza Der abgrundtiefe verbale Unsinn der Salaf-Dschihad-Terroristen lässt muslimische Mutanden vermuten ohne normal entwickeltes Großhirn.

#NizzaAttack Viele degenerierte Muslime empfinden Freude und Lust nur in der Zerstörung.

#Nizza Krieg den bewaffneten Idioten!

#NizzaAttack Versager Herostrat zerstörte den Tempel von Ephesos, um unsterblich zu werden. Die Versager Deso Dogg, Bouhlel...töten aus demselben Grund.

#Brexit Bauchgefühl gegen krankes Großhirn. Wer gewinnt?

#illner Kabarettistin Gisela Schlüter konnte über 480 Silben in der Minute sprechen, Professorin Guerot ebenfalls. Es bleibt aber politisches Kabarett.

#illner Guerots mündliches Maschinengewehr-streu-feuer muss aufgezeichnet und nach ca. fünf Jahren verifiziert werden.

Twitter-Sammlung 20

21.07.2016

#Erdogan Wenn nun Türken wg. Säuberungen illegal nach Griechenland fliehen, werden sie dann gemäß Merkel-Deal wieder in die Türkei abgeschoben?

#Wuerzburg Vermutung: Der Täter hat sich schnell radikalisiert. Frage: Ist er plötzlich „Eisschwimmer" geworden? Worin bestand die Radikalisierung? Eine Antwort ist political incorrect!

#WuerzburgAttacks **@Augstein** ist ein Dummie. Vor Gericht entsteht „Recht", nicht „Gerechtigkeit". Empfehle als erstes: Platons „Politeia".

#Fluechtlinge Die Masse der Zuwanderer wird am Ende die steuerfinanzierte Grundsicherung im Alter bekommen (Raffelhüschen) - Alles prima (Fratzscher)

#WuerzburgAttack Psychopathen sind zwar **Ursache** für Morde. Aber sie sind nur Waffen. Der **Grund** für die Untaten ist eine islamische Ideologie.

#Wuerzburg Ich fürchte, dass alle diejenigen, die behaupten, der Islam gehöre zu Deutschland, nur sehr wenig über Inhalte und Ziele dieser Art „Religion" wissen.

#Wuerzburg So sind die Grünen: scheinbar ab-und aufgeklärt:"Ich empfehle allen Seiten, rhetorisch etwas abzurüsten" (K. von Notz)

#NizzaAttack Tollwuterreger ist identifiziert. Welche Erreger Ursache sind für den Tötungswahn von terroristischen Massenmördern ist immer noch umstritten.

Frage, ob „höfliche Diplomatie" oder allein „rechtsstaatliches Handeln" jemals Krisen oder Kriege verhindert haben.
Der „Böse" hat gegenüber dem „Guten" den Vorteil, böse sein zu dürfen

#Islam Sehr kluge Analyse über gefährliche Unwägbarkeit des Islam von K. Adam in JF/29/16.Traue Ähnliches nur ganz wenigen politisch Etablierten zu.

Twitter-Sammlung 21

25.07.2016

#Fluechtlinge Reinste Logik:"Wären die Grenzen nach Europa durchlässiger, gäbe es keine Schlepper" (Judith Gleitze, Netzwerk Borderline Europa)

#illner Hitler, Stalin, Mao und nun Erdogan: Die 4 gewaltigsten Säuberer der Weltgeschichte! Und viele kleine Chamberlains hängen an Erdos Angel.

#Erdogan **#burkini** „Der Mensch ist frei geboren und liegt doch überall in Ketten". Scheinintellektuelle Begründungen für Quatsch und Tod.

#Muenich **#Wuerzburg** Warum begehen islamische Terroristen keine Morde in Orbans Ungarn? Der Hardliner müsste sie doch vielmehr reizen.

Islamischer Terror Der Blödelbarde @Augstein hat wieder zugeschlagen
https://cevenole.blogger.de/stories/2597868/ ...

#München B.Balzli/WamS: Rechte Kritiker der Flüchtlingspolitik missbrauchten München mit Annahme eines islamischen Hintergrundes. Aber auch die Polizei war zunächst dieser Meinung.

#Islam Wenn seit Hunderten von Jahren einige blutrünstige musulmans (franz) den Koran „falsch" interpretieren, kann das dann am Koran liegen?

#Muenich Augstein, Künast, Roth, Göring-Eckardt, Käßmann würden den Menschen mit Gelaber keinen Schutz bieten können.
Lieber Mensch als Gutmensch!

Karl Martell verdient ein „Denk - mal" !

#Merkel Merkels überwiegend zeitgeistige likes-Wertungen haben den Themenkanon der CDU fast völig umgewandelt. Was überdauert?

#Merkel Bleiben Bewertungen „richtig" oder „falsch" auch in 50 Jahren bestehen? https://cevenole.blogger.de/stories/2598072/ ...

Twitter-Sammlung 22

28.07.2016

#Bildung Das gutmenschliche Hänschen mit Defiziten in Logik und konsequentem Denken wird kein vernünftiger Hans
https://cevenole.blogger.de/stories/2598178/ ...

#Ansbach Millionen von deutschen Flüchtlingen aus ehemaligen nicht-islamischen Ostgebieten waren auch traumatisiert. Terror und Amokläufe aber nicht bekannt.

#AnsbachAttack Merkels Flüchtlingspolitik hat mit den Tragödien in Deutschland nichts zu tun. Das alles wäre auch ohne Flüchtlinge passiert?

#Ansbach Psychologen: Aus Trauma erwächst bei Menschen selten Gewalt. Vielleicht kann aber gerade aus traumatisierten Muslimen häufiger Gewalt entstehen

#Ansbach In diesem schrecklichen Chaos muss es ein heiliges Geheimwissen geben bei unermüdlichen Freunden der Flüchtlingspolitik und des Islam.

In der Opposition heißt es Kritik, nicht Polemik. Substanzielle Politik könnte(sic!) nur die Regierung machen.

Sahra hat eben ihren eigenen Kopf und den von Oskar dazu

#Geiselnahme Die Suche nach Motiv und Identität der Geiselnehmer in Nordfrankreich kann beendet werden. Es waren betrunkene Aborigines.

#Ansbach Wir Muslime sind den „Ungläubigen" überlegen und verdienen keine Opferrolle. Herostrate aber „islamisieren" angeblich ihre finale Gräueltat.

#StEtienneduRouvray Auch Nazis und Kommunisten waren „politisch radikalisiert" durch Rassen- und Klassenwahn, nicht durch islamischen Glaubenswahn.

#StEtienneduRouvray Der Islam ist das, was die Muslime daraus machen. Nichts Gutes!

#StEtienneduRouvray Die physischen Attentate sind die Hölle. Aber auch die Attentate auf den Geist:"Das hat mit dem Islam nichts zu tun" sind schmerzhaft.

#Merkel Merkel kann gar nichts falsch machen. Sie hat das nie so gesagt. Basta!

Twitter-Sammlung 23

02.08.2016

#Schwesig Unterschied von Rechts- und Linksextremisten? Linksextremisten brauchen längere Diskussionen für Rechtfertigung ihrer Verbrechen.

#HeikoMaas #Kahane Ich bin ein genetisch geprägter Narr. Daher fordere ich für mich Narrenfreiheit, die sogar mittelalterliche Höfe den Narren gewährten.

#Sexualität Nur Sex im Kopf! Anstelle von abseitigen Lehrplänen zur frühkindlichen Sexualität auch mal so ein Einsatz für ewige Meisterwerke der Literatur.

#Merkel Merkel ist die Circe der Neuzeit, die Journalisten, Politiker und Wähler zu folgsamen „Schweinen" verwandelt hat wie Circe Odysseus´ Gefährten.

#Merkel Merkels Abwesenheit von Terrororten wird als kluge Staatskunst gewertet. Aber es gibt nur einen Grund: Sie will dort Demos gegen sich vermeiden.

#Merkel „Vier schaffen das!": Mohammed, Marx, Migrant, Merkel

#Aleppo In Aleppo wird die Zivilbevölkerung als Schutzschild für den IS und al-Nusra missbraucht. Wie bekämpft man solche Taktik?

#Merkel Sie sieht in ihrer Flüchtlingspolitik eine historische Aufgabe Deutschlands, der sie gerecht werden muss. Delirat ista mulier!

#terrorisme #Ansbach Was sind das bloß für Weicheier, die bei abgeschnittenen Köpfen und zerstückelten Körpern „Ressentiments" entwickeln?

Twitter-Sammlung 24

06.08.2016

#Islam https://cevenole.blogger.de/stories/2600055/ ... Toleranz gegen kulturell restringiertes Mittelalter der Muslime?

#Islam Therapien und Pädagogik gegen kulturell restringierte Muslime!! Wozu haben wir Psychiatrien und Schulen?

#Ansbach Bin militanter Gegner von Merkels verantwortungsloser Person-basierter Flüchtlingspolitik. Die hat aber nun wirklich nichts zu tun mit Anschlägen einzelner.

#Aleppo Wehrte Militärstrategen, soll der Ostteil Aleppos in der Macht des IS, der al-Nusra -Front und weiterer dschihadistischer Rebellen bleiben?

#PetraHinz Welche politischen Ideen vertrat die halbgebildete Hochstaplerin? Ähnelten sie etwa den Ideen und Argumenten von SPD-Akademikern?

#Aleppo Herzinger/WELT hat wieder zugeschlagen Nach seinen Quelle (IS und al-Nusra?) schießen Scharfschützen des „Schlächters" auf Flüchtlinge

Muslime all über all! https://cevenoleblog.wordpress.com/2016/08/03/muslime-all-ueber-all/ ...

#Erdogan Überall Muslime! Muslime unten, Muslime oben, rechts-links, hinten-vorn. Kann es überhaupt positive Berichte über Muslime geben?

Twitter-Sammlung 25

08.08.2016

#Blechspeakeraward Ein noch zu schaffender Blechspeaker-Award sollte in diesem Jahr an Simone Peter oder Johanna Ueckermann vergeben werden.

#Integration Wollten die ersten Gastarbeiter eigentlich in Deutschland bleiben? Hat man ihnen wirklich die Integration verweigert?

#Aleppo Lösungen gegenwärtiger Krisen, z.B.Syrien seien hochkomplex und hochkompliziert. Einfachere Lösungen können nur von Populisten, Polit-und Kriegsverbrechern stammen

Das Normalste der Welt?: Seit Monaten kümmere ich mich um ein schwules Flüchtlingspaar aus Iran mit 5 Adoptivkindern. Aber leider gibt es immer noch Diskriminierungen von Ewiggestrigen.

#RalfStegner Habe bei diesem Unsympath stets den Eindruck, dass er seine Gegner nicht politisch überzeugen, sondern moralisch vernichten will

Cevenole hat Sandrine Becker retweetet:
Hallo Sandrine, füge jedem Deiner schönen westlichen Frauenbilder eine vollverschleierte Muslima hinzu.

#Merkel „Vier schaffen das!": Mohammed, Marx, Migrant, Merkel

#Islam Mit Muslimen und Erdogan muss es jetzt mal genug sein. Ich wünsche mir einen Hype über homosexuelle Eskimos („Rohfleischfresser")

Twitter-Sammlung 26

10.08.2016

#Schwule Kein Mann, geschweige denn ein schwuler Hybridpapa, kann ein Baby so zärtlich an die Brust drücken wie eine Bio-Mama.

#Homosexualität Entwurf einer Heterosexuellen-Fahne: Rotes Paso-Doble-Tanzpaar auf blauem Grund

#Aleppo Waren alle Einwohner von Dresden und anderen deutschen Städten Nazis? Verstecken sich sog. Rebellen auch in Krankenhäusern?

#Aleppo Sind alle Menschen im Ostteil Aleppos Anhänger des IS, von Fath al-Scham (al-Quaida) und „militärisch vereinigten" Islamisten?

#Flüchtlinge „Wirtschaft fürchtet sich vor neuem Flüchtlingsstrom"/WELT. Besser M. Fratzscher/DIW fragen. Der entwirft ein optimistischeres Bild

#EEG Den Unsinn mit Windspargeln leistet sich weltweit nur Deutschland. Alle Deutschen müssten gezwungen werden, „Windparks" zu besichtigen

#Merkel Die deutschen Grenzer lehnten vermehrt „Geschenke" ab und wollen Deutschland nicht „bunter" machen
https://cevenole.blogger.de/stories/2600490/ ...

#Olympics Clownerien um den Islam herum werden immer witziger. Jetzt kämpfen Frauen im Tauchanzug um Punkte im Beachvolleyball

Twitter-Sammlung 27

12.08.2016

Cevenole hat Augstein retweetet

Strafe für Augstein, den Wissenden um Hidschab, Niqab und Burka: Zwangsaufenthalt im Puff mit Vollverschleierten

Cevenole hat hinzugefügt,

Augstein @Augstein

Ich finde, wenn man schon verbieten will, sollte man wenigstens wissen, was.

#Burka Warum kann Vollverschleierung nicht unter einen erweiterten § 183a (Erregung Öffentlichen Ärgernisses) fallen? Dürfte ich nackt spazieren gehen?

#Stegner Politische Gegner moralisch zu vernichten, ist allgemein Markenzeichen linker Politiker.

Bundesstaat oder Staatenbund? https://cevenoleblog.wordpress.com/2016/08/11/bundesstaat-oder-staatenbund/ …

#EU Analyse/WELT: „China und die USA wollen den Papiertiger EU in die Knie zwingen", kann nur dem Geiste des besoffenen Hegels in Jena entspringen

#Islam Tolerant oder gedankenlos die mannigfaltigen zurückgebliebenen Erscheinungsformen des Islam zu ertragen, ist Kulturrelativismus

#Antiterrorgesetze Wieso verschärfen die gesellschaftlichen Weicheier erst nach den Anschlägen in Deutschland allmählich die Terrorabwehr?

#CSD Am CSD kämpfen nicht mehr Opfer von Diskriminierung um Gleichstellung, sondern sie demonstrieren höhere Moral, prima Homosex mit Klamauk

Twitter-Sammlung 28

15.08.2016

#Tuerkiye Großer Unterschied, ob Professoren Thema diskutieren oder geistig und religiös Behinderte. Wenn es anders wäre, brauchten wir keine Unis.

#Burkaverbot Gedankenexperiment: „Alle Frauen tragen im X-Staat eine Burka" gegen „Alle Frauen tragen im X-Staat keine Burka". Wo wollen wir leben?

#Burkaverbot Warum ist Exhibitionismus in einer liberalen Demokratie verboten? https://cevenole.blogger.de/stories/2601359/ …

#Burka @Augstein Analysen zum Umfeld von Terroristen lassen auch Augstein als Gefährder erscheinen: Prekäre Familie, narzisstisch, Hass auf Rechts.

#Paralympics Muslime in Trenchcoat beim Rudern und Neoprenanzug beim Bogenschießen. Am Schönsten: Muslima in Burka beim 50km-Gehen

#Rio2016 #Olympia Skandal: Die Veranstalter der Olympischen Spiele haben es nicht geschafft, die Armut in Rio und Brasilien abzuschaffen

#identitaere Finkielkrauts Werk steht unter dem Eindruck der Verzweiflung über die fortschreitende Auflösung der französischen und der europäischen Identität (sic!)

#Rechtschreibreform Bekenntnis: Ich habe mich als Lehrer nie um die Rechtschreibreform gekümmert, teils auch nicht um schulische Lehrpläne. Und siehe: nun gehöre ich zur Avantgarde.

#Burkaverbot @Augstein Strafe für Blechredner: Langer Zwangsaufenthalt in einem Puff mit Vollverschleierten.

#Burkaverbot Zu viele „Intellektuelle" akzeptieren, dass Allah sein buntes Reich in allen Facetten, auch blödsinnigen, in Deutschland ausbreitet.

Es bleibt ein Rätsel, wieso immer noch über 40% der Deutschen das Chaos nicht wahrnehmen oder damit zufrieden sind.

Twitter-Sammlung 29

18.08.2016

#Burka #Burkini Meinen Zorn erregen solche „Intellektuellen", die vor lauter „Liberalität" auch blödsinnige Facetten des Islam schönreden.

#Tuerkei Das Auswärtige Amt entblödet sich nicht, sich „von der Wahrheit" der brisanten Türkei-Analyse des Bundesnachrichtendienstes „zu distanzieren".

#islam Warum haben so viele vormals a-religiöse Deutsche einen Narren am Islam gefressen?

#Aleppo Es gibt nur eine faire Lösung für Syrien, das „Libanon-Modell": Alle zivilisierten Gruppen an der Regierung beteiligen. IS und brutale Dschihadisten militärisch besiegen.

#Merkel Ich glaube, sie ist (politisch) doof. vielleicht sogar Typ „Petra Hinz".

#Hambuechen Fabian singt doch tatsächlich gegen Extremlinks, Links und Halblinks die Deutsche Nationalhymne mit!

#Integration: Erst dann, wenn wenigstens einige Imame u.a. Mozart lieben, Sartre und „Faust" verstehen und Popper verehren, kann man von Integration sprechen. https://cevenole.blogger.de/stories/2601551/ ...

#Doppelpass Warum wollen ausgerechnet so viele Türken einen Doppelpass haben? Er ist kein Integrationsbeschleuniger, wenn Türken eine Doppelheimat und ein Doppel-staatsoberhaupt beanspruchen.

Sebastian Kurz hat genauso große Ohren wie K.R.Popper. Das erweckt große Hoffnungen!

#Aleppo Lawrow besteht auf Kontrollen der UN, wenn Versorgungskorridore nach Aleppo geöffnet werden. Wer könnte das kritisieren?

#Aleppo Falsch:"Die Russen fliegen Luftangriffe auf Rebellen und Zivilisten". Richtig: „Die Russen treffen bei Luftangriffen auch Zivilisten".

#Burka Einige Meinungsmacher wie @Augstein haben schwer zu heilende „Virus-Burka", weil sie glauben, Liberalität verteidigen zu müssen, auch gegen Islamquatsch.

#Aleppo Wie wollen Seibert, Merkel, die wieder „Hilferufe hört", und Steinmeier den IS im Osten Aleppos besiegen? In Manbidsch gelang das!

Twitter-Sammlung 30

23.08.2016

#Toleranz #Burka #Burkini Darf ich als PAN-Verehrer und mit Berufung auf Religionsfreiheit Menschen erschrecken,- wie Burkaträgerinnen?

#Toleranz #Burka #Burkini Darf ich wie ein ehrenwerter Afrikaner halbnackt mit Rohr als Penisverlängerung in den Bundestag?

#Toleranz #Burkini #Burka Darf ich mit einem professionellen Helmtauchgerät in ein öffentliches Schwimmbad?.

#Burka #Ästhetik Geht der Sinn für Schönheit den Bach runter? https://cevenole.blogger.de/stories/2602498/ …

#Burka @GoeringEckardt Plagiate sind gegen Göring-Eckardt Peanuts. https://cevenole.blogger.de/stories/2602497/ …

#DDR #Islam Gleiche Hirnstruktur: „Die DDR war eine erträgliche, kommode Diktatur" vergleichbar der Meinung „Der Islam gehört zu Deutschland".

#AfD Eine links-grüne-pazifistische Mehrheit diskriminiert, bisweilen unterstützt von aufgescheuchten Konservativen https://cevenole.blogger.de/stories/2601960/ …

#Burka #Burkini Warum haben vormals so viele a-religiöse Deutsche einen Narren am Islam gefressen, nebst Vorliebe für wandelnde Sonnenschirme?

#Burka #Burkini Der antike Sophist Gorgias machte rhetorisch aus Weiß Schwarz. Gegenwärtige Sophisten machen aus Scheiße Nougat.

#Assad (Schlächter in #Aleppo) und #alSisi (igitt General) gehören beseitigt. Bitte aber mit detailliertem Plan: „Wie"? und „Wer danach"?

#Aleppo Lieber IS als tot? Soll im Ostteil Aleppos das Ziel, IS und al-Nusra militärisch zu vernichten, aufgegeben werden?
https://cevenole.blogger.de/stories/2601848/ ...

Twitter-Sammlung 31

26.08.2016

#PoliticalCorrectness Tausche Bosbach gegen Merkel. https://cevenole.blogger.de/stories/2602611/ ... Unbegrenzte Toleranz führt zu einer Ordnungsdiktatur

#AfD #Diskriminierung Sind diejenigen Politiker, die Diskriminierung anwenden, einer ehrlichen politischen Diskussion etwa nicht gewachsen?

Burkaverbot wegen Unsinn im 21.Jh. wie Fell der Neandertaler.

M. Fratzscher/DIW entzückt über Vorteile der Zuwanderung.

Ein Forschungsergebnis: vornehmlich Menschen mit stabiler rechter Gesinnung und niedriger Bildung wählen AfD.

#AfD im Osten stärker, weil dort Menschen unter einer Diktatur gelebt haben (Birthler). Im Westen schwächer, weil dort Erfahrungen mit den 68ern,mit der Friedensbewegung 82 und das Erstarken der Grünen die Gehirne vermatschten (Cevenole).

#Burka Kollegin fabrizierte pädagogischen Quatsch. Galt aber als engagiert bei Reparatur ihres Quatsches. Dieses Modell ist auf Bundesregierung übertragbar.

#Amatrice Ich weine bei Berichten und um die Toten des Erdbebens. Warum, verdammt noch mal, meine Seele, nicht auch um „Flüchtlinge, die aus der Hölle kommen"?

#Frühsexualisierung Bildungspläne der „Pimmel-Puppen-Päderasten-Politik":

Pädagogisch wertvoll: Kenntnis über Dildo, anal, oral etc. https://cevenole.blogger.de/stories/2602843/ ...

#Burka #Burkini Nur im Deutschland der Windspargel überschlagen sich die Kommentatoren vor Toleranz und Moral dem Islam gegenüber.

#Burka #Burkini Um Merkelland herum und innerhalb nur Geisterfahrer, Rassisten, Nationalisten, Islamophobe, Rechte und Generalblödiane in Millionenstärke.

#Burka Muslimas, die bei Hitze unter der Burka durch die Zunge schwitzen, sind besser an die Natur angepasst als ihre Leidensgenossinnen.

#Burka Kritisch gegenüber einem Islam ohne Terror waren schon Marx, Voltaire, Atatürk. Unkritisch gegen Islam mit Terror: Wulf, Merkel und Co.

Twitter-Sammlung 32

30.08.2016

#burkini „Null-Toleranz" gegen mittelalterliche Islamansprüche. Principiis obsta! https://cevenole.blogger.de/stories/2603054/ ... Burkini keine Gefahr, sondern Beleidigung.

Cevenole hat Sandrine Becker retweetet

Polizisten kamen zu viert, weil nicht sicher, wie viele durchgeknallte Moslems sie bei der Aktion angreifen würden.

#burkini Wir sollten islamische Kultur nicht kritisieren, sondern permanent bedauern, z.B. Leben im Mittelalter, Zwang zum Pornoschauen und Ungläubige töten.

#Syrien Alle gegenwärtigen geänderten Analysen zum syrischen Bürgerkrieg habe ich schon vor vielen Wochen beim Think Tank GIGA/HH gehört!!!

#Presseclub Franziska Augstein guckt genauso uninteressiert und verächtlich, wenn Diskussionspartner andere Meinung hat, wie ihr Halbbruder.

#Populismus Vielleicht ist der rechte Geist ja dem Weltgeist verwandt?

#Merkel Wenn Merkel eine restriktivere Migrationspolitik verfolgt hätte, dann bräuchte sie jetzt nicht ihr angerichtetes Chaos verteidigen.

#Merkel Frontexchef Leggeri lobt die Grenzschließung der Balkanroute. Gabriel plädiert nun für Obergrenze. Geniale Merkel hat beides abgelehnt.

#Burkini Anders als in Berlin oder Köln gehen in den meisten Ländern der Welt keine halb-und vollverschleierte Frauen ein paar Meter hinter ihren Männern.

#obergrenze Alle Parteien benutzen die Phrase: „Wir haben immer gesagt, dass..." Es folgt dann eine völlig unbekannte Behauptung.

#Syrien Welch „sympathische" Gruppen wollen Assad ablösen: IS, Failaq al-Sham (Moslembrüder), Ahrar al-Sham (Salafisten), al-Nusra (al-Qaida).

#Hatespeech Schopenhauer hinter Gittern wg. Islamophobie https://cevenole.blogger.de/stories/2603456/ ... Im Koran finden wir die traurigste und ärmste Form von Theismus.

#Aleppo #Burkini Es ist ein Skandal der professionellen Philosophie, dass sie die Lösung von Menscheitsproblemen restringierten Politikern überlässt.

Twitter-Sammlung 33

01.09.2016

#Hatespeech Churchill zum Islam: Es gibt keine stärker rückschrittliche Kraft auf der Welt. https://cevenole.blogger.de/stories/2603534/ ... Wulff: Islam gehört zu Deutschland.

#Koran Man kann den Koran nicht nach demokratisch-liberaler Weltanschauung „interpretieren". Also: menschenverachtende Suren eliminieren!!

#ModernMan Empfehlung für den modernen Mann: Große Brüste auf dem Rücken, Vagina zwischen Hodensack und After, Rapunzelhaare, Sopranstimme.

#Merkel Die heilige Angela wird kritisiert!!Sturheit wird der Physikerin vorgeworfen. Völlig unberechtigt rotten sich rechte Populisten gegen ihre übermenschliche Humanität zusammen.

#Merkel Eindruck in den Medien: die Lichtgestalten der etablierten Parteien, bes. Merkel, werden von den rechten Mächten der Finsternis angegriffen.

Twitter-Sammlung 34

04.09.2016

#HeikoMaas #hatespeech Voltaire: Muslim verdient sich Himmel, wenn er jemanden erdrosselt https://cevenole.blogger.de/stories/2603886/ ...

#Rechtspopulismus Wenn die #Grünen oder @Ralf Stegner, „rechte Populisten" sagen, muss ich über diese Intelligenzproletarier lachen.

Eklat im Thüringer Landtag: AfD-Abgeordnete kommt vollverschleiert ins Plenum. Warum sagte sie nicht: Ich bin jetzt Muslima"? Ich selber will demnächst als religiöser Poseidonfan mit Taucherhelm ins Schwimmbad.

#illner Wer gehört zu Deutschland? Alle Europäer und die, die es werden wollen, also keine Burkaträgerinnen, Frauenverächter, Homophobe, Kopfjäger usw. Allahu akbar!

#illner Deutschland braucht einen mutigen Mustafa Kemal, der die Gesellschaft vor den Zwängen des Mittelalters bewahrt.

#Flüchtlingskrise Die WamS spinnt und empört mich mit der Formulierung: „Die einen wurden zu Flüchtlingshelfern, die anderen zu Hetzern".

#Gabriel Er erkennt jetzt, dass die CDU in der Flüchtlingsfrage große Fehler gemacht hat. Die AfD aber hatte lange vor Gabriel diese Erkenntnis.

#Welt Zum Artikel von Tilman Krause: Die Muslime haben sich dann integriert, wenn sie „Ewigkeit" denken und Allah vergessen beim Hören von „Let it be" auf der Orgel.

#Welt Auch die WELT spinnt mit den Schlagzeilen:"Warum uns die Flüchtlingskrise für immer veränderte". Wenn die CDU mit der AfD anbandelt, dann begehe sie einen unkorrigierbaren Fehler.

#integration Es wird Generationen dauern, bevor Mehrheit der Muslime europäische Werte akzeptiert. Khorchide und Hamed Abdel-Samad bleiben gegenwärtig chancenlos! Bis dahin muss es was auf die Mütze geben.

Twitter-Sammlung 35

06.09.2016

#Hatespeech #Kahane Karl Marx würde nach Kriterien von Stasi-Spitzel Kahane als islamophob und rechtsextrem gelten. Koran reduziert Menschen in Gläubige und unwerte Ungläubige. Daher müssten beide wegen Hatespeech verboten werden.

#AfD #MVP16 Wenn die AfD wie behauptet nur Protestpartei wäre, dann ist völlig unverständlich, warum alle anderen Parteien ihre I n h a l t e bekämpfen.

#MecklenburgVorpommern Die Vorstellung, dass es nur links ins Paradies geht, hat in MV einen Knacks bekommen.

#hartaberfair Dauernd zu behaupten, Merkels Flüchtlingspolitik sei richtig trotz angerichteter Spaltung, das schafft nur @peteraltmaier

#hartaberfair Mit dem Evangelium allein oder einer Individualethik kann kein Staat vernünftige Politik machen. Es muss dann Spaltung und Chaos geben.

#Phoenix Heribert Prantl hat wahrscheinlich mit seinen ideologischen Klischees die klugen Argumente von Werner Patzelt nicht verstanden.

#UnterdenLinden Heribert Prantl und Franziska Augstein sind wie Bonny und Clyde im deutschen Medienwald.

#burkaverbot #BurkiniBan Gibt es im triebgestörten Islam die Burka, weil z.B. mit dem Burkini noch Oral-Sex möglich wäre?

#Islam Dialektik?: Islamophobe zur Aufklärung bei Wulff und Merkel. Islamophile: Wulff und Merkel zum Idiotentest bei kritischen Islamwissenschaftlern

Twitter-Sammlung 36

08.09.2016

#Obergrenze Eine Statistik im ZDF sagt aus, dass von den sogenannten Flüchtlingen, die aus der Hölle kommen, 75% männlich seien, 48% davon unter Dreißig

#Obergrenzen Idiotische Legenden, z.b. Grenzen können nicht geschlossen werden https://cevenole.blogger.de/stories/2604852/ ... „Wir schaffen das"

#Merkel Die verschwiegene Wahrheit: „Jeder von Euch muss an meine Nase fassen".

#Burka #Burkini Kleidung mit Nazisymbolen ist verboten. Warum nicht auch Burka/Burkini verbieten als Symbole eines aggressiven-mörderischen Islam/IS?

#Merkel Der Irre, der sich für ein Spiegelei hält, wird gelobt, weil er trotz massiver Kritik bei seiner Meinung bleibt.

#Merkel „Merkel ist noch lange nicht fertig": Vollzieht nämlich dauernd Kursschwenks. Beharrt aber auf 2+2=5.Nun sind AfD und CSU Hauptgegner.

#Merkel Sie lockt als mobiler Leuchtturm Menschen in ihre Falle. Links-grüne Journalisten spielen die Treiber.

#Burka Ich halte Musliminnen, die Kopftuch, Nikab oder Burka tragen, für geistig und kulturell restringiert. Diese Meinung wird in Talkshows, wo sie auftauchen, bestätigt.

Twitter-Sammlung 37

10.09.2016

#Islam Einen Clash of Civilisation, den Huntington für die Welt diagnostizierte, gibt es in Deutschland im Kleinen, wobei Fronten unklar sind, da es hier viele Wahlmusulmanen gibt.

Augsteins Meinung: „In der Politik sind Gefühle k e i n e Fakten"

Stoiber: „In der Politik sind Gefühle Fakten"

#Aleppo Wieso ist es offenbar möglich, im Machtbereich von Assad, z.B. in Damaskus, ein normales Leben zu führen, sogar mit Partys?

#AfD #illner Welche Gruppe einer etablierten Partei tritt an gegen Matthias Manthei, Alice Weidel, Jörg Meuthen, Gauland und Frauke Petry?

#illner Die Angst vor der hochmoralischen Inquisition als Rechter oder Nazi zu gelten, sitzt den Talkshowklatschern im Nacken. Schweigen bei AfD-Beiträgen.

#Aleppo Ursachen der Flucht bekämpfen https://cevenole.blogger.de/stories/2605161/ ... mit Käßmann, Roth und Göring-Eckardt und mir als Freiwilligen.

#AfD Laut Hegel ist der Weltgeist im (preußischen) Staat zur Ruhe gekommen- das glaubt auch Rot-Rot-Grün https://cevenole.blogger.de/stories/2605160/ ... Trial-Error

#Aleppo Die von den meisten Medien euphemistisch als Rebellen bezeichneten Kämpfer kann man besser als Islamisten oder Dschihadisten bezeichnen - oder sogar als Terroristen.

#illner Strobl - ein unerträglicher Scheinmoralist mit Anklage: Die AfD sagt die Unwahrheit, ist schäbig, atheistische Verräter an christlich-abendländischen Werten.

#Paralympics Warum nehmen keine Musliminnen in Burka an den Paralympics teil?

#illner „Merkel ist noch lange nicht fertig". Vollzieht nämlich dauernd Kursschwenks. Beharrt auf 2+2=5. Nun sind CSU und AfD Hauptgegner

#illner Merkel lockt als mobiler Leuchtturm Menschen in die Falle. Links-grüne Journalisten spielen die Treiber

#Illner Der Irre, der sich für ein Spiegelei hält, wird gelobt, weil er trotz massiver Kritik bei seiner Meinung bleibt.

Twitter-Sammlung 38

11.09.2016

#TwinTowers Religion erfährt Zustimmung nicht durch theoretische Glaubenssätze, sondern durchs Handeln ihrer Anhänger. Daher wird 9/11ewigeWunde für Islam sein.

#Rechtspopulist Historiker @ErnstNolte - seinerzeit verfemt - gilt nun als „Zierde seiner Zunft". Die Afd kann hoffen!

#AFD16 Schlage vor, dass nicht nur Finanzen, sondern auch Abiturzeugnisse von „Eliten" offengelegt werden.

#AfD Interviews mit AfD-Vertretern werden meistens nicht m i t ihnen, sondern g e g e n sie geführt. Ziel: politische Macht, nicht „philosophische" Wahrheit

#Wams Das Interview mit @FraukePetry in WamS vom 11.9.2016, das Beat Balzli und @Matthias_Kamann gegen sie führten endete 10:0,5 für Petry.

#Merkel Sie vermittelt immer mehr den Eindruck, unbeteiligt und amüsiert das Computerspiel „Doch sie bleibt" zu spielen.

#Merkel #AfD Das Herz sitzt „Links-Mitte", aber der Verstand ist „Rechts-Oben"

#AfD Links geht´s ins Paradies https://cevenole.blogger.de/stories/2605338/ ... Den Sozialstaat wollen die deutschen behalten. Beim Begriff „rechts" wird ihnen übel.

#AfD K-Karrenbauer fordert „gegen die AfD einen argumentativen Häuserkampf". Doch Ausbildung fehlt ihr aber! Nebelkerzen helfen nicht. Konkret: Wo wird „gelogen"?

#Islam Wer einen „deutschen Islam" vermisst, muss zum Idiotentest.

#Islam #AfD Clash of Civilisation in Deutschland mit Wahlmusulmanen. Angst vor hochmoralischem Kollektiv behindert Meinungsäußerungen.

Twitter-Sammlung 39

13.09.2016

#AnneWill Flüchtlinge am Keleti-Bahnhof nicht „gestrandet", teils schon dem Lager Debrecen zugewiesen. Forderten Weiterreise nachDeutschland

#AfD Der Historiker Ernst Nolte -seinerzeit verfemt- gilt jetzt als „Zierde seiner Zunft". Die AfD darf hoffen.

#AfD Petry „als Nazi" wolle „völkisch" rehabilitieren. Andere wollen am Bundestag lieber „Der Deutschen Bevölkerung" sehen. Lafontaine, Roth, Gabriel lieber ohne „Volk"!

#AfD „Sprachwissenschaftler" Kellerhoff (WELT 12.09.2016) hat uns und Petry nach intensivem Sprachstudium „völkisch" erklärt. Nun fehlt von ihm eine Definition für „populistisch" vs. „völkisch", sowie Abhandlung über „geil".

#AfD #Merkel Sie vermittelt immer mehr den Eindruck, unbeteiligt und amüsiert das Computerspiel zu spielen:"Und sie bleibt doch!"

#AfD Ich möchte mal eine Statistik lesen, welches gegenwärtige Regierungshandeln von der AfD in der Vergangenheit bereits gefordert wurde.

#hatespeech #Kahane #HeikoMaas War Oriana Fallaci islamophob oder realistisch https://cevenole.blogger.de/stories/2605685/ ... „Von wegen extremistische Randgruppen".

#Hartaberfair Burka- und Nikabträgerin, eine philosophische, religiöse oder politische Diskussion mit Dir lohnt sich nicht! Kurzum:"Du bist bekloppt!"

#hartaberfair K.R.Poppers epochales Werk heißt. „Die offene Gesellschaft und ihre Feinde". Das war gegen Kommunismus und Nationalsozialismus gerichtet. Als dritter Feind kommt der faschistische Islam hinzu!

Twitter-Sammlung 40

15.09.2016

In Birnenborstel soll man unter der Burka einen dressierten Gorilla entdeckt haben https://cevenole.blogger.de/stories/create Kinder haben Angst vor Gespenstern.

#hartaberfair Umpolen von Gesinnung auf Verantwortung von Claudia Roth auf Dirk Schümer https://cevenole.blogger.de/stories/2605873/ ... Helfer für Juchtenkäfer und Flüchtlinge.

#Obergrenze Burkaverbot: Wehret den Anfängen https://cevenole.blogger.de/stories/2605898/ ... Warum ist kulturell oder religiös begründeter KANNIBALISMUS verboten?

#terrorism „Wahrheit" vor einem Jahr: Mit dem Flüchtlingsstrom kommen keine Terroristen, wie Rechtsextreme und Nazis behaupten. Heute: Doch!!!

#Populismus Darf es „Rechts" und „Konservativ" überhaupt nicht geben oder werden mit der AfD nur die „falschen" Rechts-Konservativen gewählt?

#islamophobie Wittern Pack und Proleten im Islam eine wirklich drohende Gefahr? https://cevenole.blogger.de/stories/2606185/ ... Kritische Masse bei Revolutionen?

#Fluechtlinge Der Superpädagoge: Die minderjährigen unbegleiteten Flüchtlinge müssen lernen, sich an unsere Regeln zu halten. Warum so hart?

#maybritillner Friede in Syrien nur mit „Libanon-Lösung" möglich: alle kompromissbereiten Gruppen an einer zukünftigen Regierung beteiligen

#maybritillner Die meisten „Rebellen" können als Islamisten oder Dschihadisten bezeichnet werden. Katastrophe, wenn sie allein an die Regierung kämen.

#maybritillner Wer waren die anfänglichen friedlichen Rebellen gegen Assad, und welche Ziele hatten sie? Waren das wahre oder Scheindemokraten?

Twitter-Sammlung 41

06.10.2016

#Flüchtlinge Was wird Deutschen weggenommen, wenn Flüchtlinge kämen? Antwort: Geld für Beseitigung von z.B. Schlaglöchern.

#Orban Wenn Migration Geschenk und Bereicherung für Europa ist, dann hat Ungarn sich selbst bestraft. Und dann auch keine Sanktion von Brüssel wg „non bis in idem"(„nicht zweimal für dasselbe").

#Dresden Wenn man das linksdrehende Deutschland nach rechts drehen will, gibt´s Ärger. Ganz natürlich, aber auch richtig?

#Dresden Urteil Eines Politikers über Bürger:"Einen gewissen Prozentsatz an Idioten gibt es überall". Gilt das auch für Politiker und Journalisten?

#Flüchtlinge Dauernd werden Theorien über Fluchtursachen nach Deutschland verbreitet. Warum fragt man nicht mal die Flüchtlinge selber?

Twitter-Sammlung 42

07.10.2016

#Bosbach Wenn Bosbach zum Verein der deutlichen und richtigen Aussprache gehört, was sind dann viele andere?

#Flüchtlinge Wenn es nicht Flüchtlinge sind, die wirkliche Probleme bereiten, sondern die Meinung über sie, so muss Politik auch das bedenken.

#Maischberger Dumme abgedroschene Argumente der schrecklichen Drei: Asselborn, Edith Rosh, Hofreiter. Gergely Pröhle steckt sie in die Tasche.

#Maischberger Hofreiter vergleicht Opposition eines Bundeslandes gegen Berlin mit Ungarns Verhalten gegen EU. Welch naiver historischer Irrtum!

#EU Das Ziel aus Europa eine „vereinigte Nation" zu machen mit einer volonté generale scheitert wg. der unterschiedlichen Interessen der „Vaterländer".

#Islam Der Islam ist für viele Deutsche offenbar das schleichende „Faszinosum", was Hitler und die Nazis in der Vergangenheit waren.

#Islam Nach jedem Attentat werden Debatten eröffnet über die Konsequenzen und Folgen des Islam, selten über die tödlichen Ursachen.

#Syrien Hinter jedem beseitigten Diktator im Nahen Osten lauert die Theokratie.

#Islam Wie kann man bloß der finsteren Nebelkrähe Khomeini Gefolgschaft leisten, der in Frankreich anderes versprach als im Iran praktiziert

#maybritillner Francois Fillon im „Figaro" an z.b. Maas:"Der Feind, das ist der islamische Totalitarismus". Es geht nicht um Religionsfreiheit für den Islam, solange von politischen Machtgelüsten beeinflusst.

#maybritillner Demnächst muss Runde mit Linksextremismus-Experten folgen über Schwarze Blöcke, Linksradikale, die Autos abfackeln und Polizei bedrohen.

#NicolausFest #AfD Der islamische Totalitarismus muss bekämpft werden. Warum konvertiert @HeikoMaas nicht? https://cevenole.blogger.de/stories/2609244/ ...

#Sexualität Schwule Lesben und Heteros Ein Lied für den #Islam: „Ich hab das Fräulein Helen baden sehn...Da kann man Waden sehn..." Wir waren also auch mal wie ihr, aber mit Witz!

#Merkel Politische Diabetes überzuckert alles. Daher noch ca.50% für Merkel https://cevenole.blogger.de/stories/2609286/ ...

Twitter-Sammlung 43

12.10.2016

#Transparenz Transparenzforderungen aller Orten. Daher: Welche Parteien wählen meinungsbildende Journalisten? Auf welche Meinungen trifft man?

#Orban Und Orban sprach... Wo steckt der Fehler bei diesem Ungarn? https://cevenole.blogger.de/stories/2609435/ ...

#Aleppo Friedenstauben, Gebete und Paintballspiel lösen keine militärischen Probleme https://cevenole.blogger.de/stories/2609440/ ...

#Aleppo Die 6.Armee ist in Stalingrad eingekesselt worden. Alle, nur der GröFaz nicht, haben Kapitulation empfohlen. Warum nicht auch für Aleppo?

#Flüchtlingskrise Den maroden Schulen z. B. wird Geld „weggenommen"!

#Islam Verbreitet: Ohne Islam sähe Abendland anders aus. Sicher: Ohne Griechen und Römer auch. Unterschied: Letztere begehen keine Massenmorde.

#AfD Das Verschwinden der Mitte wird beklagt. Ich wähle Joghurt, Filme, Parteien nach Gefallen. Letztere sind Ursache des Verschwindens. Wer sonst?

#Merkel Merkel = Madame „heute so" und „gestern anders" aus volkspädagogischen Gründen oder wegen Machterhalt

#Merkel #Maas Semantik aus dem politischen Irrenhaus https://cevenole.blogger.de/stories/2609602/ ...

Der Islam gehört zu Deutschland, - oder?

#Houellebecq Die Linke und das Staats-Matriarchat https://cevenole.blogger.de/stories/2609657/ ...

#hartaberfair Ich will eine Partei wählen, in der weniger Laschets sind, die... https://cevenole.blogger.de/stories/2609843/ ...

#AfD Gedankenspiel: AfD verschwände plötzlich. Was dann? Sie würde neu gegründet, solange linker, naiv altruistischer Quark der Etablierten bleibt.

#Islam Die muslimischen Zuwanderer entstammen „der erfolglosesten Religionskultur der Geschichte: 1,57 Milliarden Menschen, keine Demokratie, kein Rechtsstaat", mittelalterliche Gesellschaftsstrukturen.

#Birgitkelle gilt als „konservative" Journalistin. Wenn dem so ist, dann bedeutet „konservativ" progressiv-vernünftig

Twitter-Sammlung 44

17.10.2016

#Merkel #AfD #hartaberfair #Aleppo Einsame Hypermoral kann spalten. Paintball löst keine militärischen Probleme https://cevenole.blogger.de/stories/2610098/ ...

#Käßmann Wenn M.Käßmann Bundespräsidentin wird, wie Gabriel fordert, „dann ist das nicht mehr mein Land". Ein unglaublich absurder Vorschlag!

#Brexit Noch nicht einmal Rom und der Papst konnten Britannien im Machtbereich der katholischen Kirche halten. Dagegen wirkt Brüssel/Schulz lächerlich.

#Pöbler #Augstein Intellektuelle Flatulenz (Augstein) ist in unterschiedlicher Konsistenz verbreitet unter Politikern wie auch unter Pöblern.

#Sexualität Klassenarbeit in 6. Grundschulklasse: Wer vereinigt die meisten sexuellen Richtungen in seiner Person? Wie viel mehr als „tri" gibt es?

#maybritillner Frage an Cohn-Bendit: „ Wie offen soll die Offene Gesellschaft sein?"

#maybritillner Gegenwärtige Politik, ohne Wut zu erregen, wäre ein Wunder. Bei Populisten wie bei Etablierten gibt´s Dummies. Das kluge Ziel ist alles.

#illner Schwennicke siegt gegen Cohn-Bendit. Gisela Stuart erklärt den Brexit. Klöckners Verteidigung ihres Wahlkampfes gescheitert. Gute Diskussion!

Illner ist eine souveräne Journalistin! Sine ira et studio gilt auch für ehemalige SED-Mitglieder

#Leipzig Sippenhaft und Kollektivverurteilungen widersprechen der Gerechtigkeit. Nicht „die sächsische Justiz hat versagt", -einzelne Mitarbeiter und politische Vorgaben.

#Putin #Erdogan #IS Größenwahn und Machtverzicht. Italien verzichtet z.B. auf die Wiederherstellung des Imperium Romanum https://cevenole.blogger.de/stories/2610520/ ...

#Pegida #AfD Tendenz nach Rechts: gut oder böse? Überforderter Altruismus im Tugendranking phylogenetisch nicht ganz oben https://cevenole.blogger.de/stories/2610595/ ...

#Merkel Die Mimin Merkel opponiert nun gegen sich selber. Sie spielt jetzt die Hardlinerin mit Texten der schwäbischen Hausfrau.

#Aleppo Wollen die USA Assad allein aus humanitären Gründen stürzen?

Twitter-Sammlung 45

19.10.2016

#hartaberfair Angeklagter im Film ist eine tragische Person, kein Verbrecher. Klassischer Normenkonflikt zwischen Gewissen und Gesetz. Weder **Pilot** noch Gericht ist Gott.

#hartaberfair Das Urteil der Zuschauer „Freispruch" ist falsch. Die Argumente der Theologin hervorragend. Pilot hat wahrscheinlich gar keinen Freispruch erwartet. Bringt ein Opfer und wird seines Lebens nicht mehr ganz froh.

#hartaberfair Baum, Teilnehmer der Runde, als Rechtspositivist könnte niemals eine Tragödie schreiben. Hirsch und dazu noch Hamm-Brücher, das war/ist ein lärmendes Nichts

#Mossul #Aleppo ÜberBefreiung Mossuls vom IS wird unaufgeregt und neutral berichtet. Warum nicht auch über Aleppo? Angriff auf Mossul ohne Bomben und zivile Tote?

#Mossul #Aleppo: Zitate aus seriösen Zeitungen: In Aleppo werden Bunkerbomben geworfen, um „unterirdische Krankenhäuser zu zerstören". In Mossul „könnten Häuser zerstört werden".

#Aleppo #Mossul Bombenidee: Putins und Assads Armeen greifen Mossul an. Ost-Aleppo wird von USA, Peschmerga und Iraks Truppen befreit.

#Augstein und die dicke Dithfurt sind vergleichbar. Sie reden theoretisch-geschwollen-satirisch-sarkastisch daher ohne Einfluss auf den realen Strom der Zeit.

#hartaberfair „Man muss immer seinem Gewissen folgen, darf aber nicht annehmen, dass es sich nicht irren kann"(Thomas von Aquin) Gilt auch für Gesetze, die von Menschen „gesetzt" sind und ja nicht von Gott stammen.

So viele genannte Gründe und so viel Sonderbewusstsein kann Wutbürger von #Dresden nicht erklären. Fast monokausal: Es ist Merkels „ehemalige", von keiner etablierten Partei kritisierte Flüchtlingspolitik.

#Putinversteher Ostukraine wie Südtirol. Genozidale Bestrebungen an Alawiten schon 2011 von schwerbewaffneten „Rebellen" https://cevenole.blogger.de/stories/2611132/ ...

#Aleppo #Mossul Wie will der multiethnische Angriffshaufen Mossul vom IS befreien und ein weiteres Flüchtlingschaos verhindern?

#Aleppo Warum lehnt Obama es weiterhin ab, den Rebellen Luftabwehrraketen zu liefern? Weil siegreiche Rebellen den USA keinen Einfluss gewähren würden.

Twitter-Sammlung 46

25.10.2016

#Mossul #Aleppo War es eine Tragödie, wenn im 2.Weltkrieg fanatische Nazi-Zivilisten getötet wurden? Ist es eine Katastrophe, wenn zivile IS-Sympathisanten sterben?

#Demokratie #Merkel #Maas #Putin #Orban Zur Demokratie gehören „trial and error" (Versuch und Irrtum). Wenn man den Irrtum aber stur verteidigt, schadet man der Demokratie.

Im #Antiterrorkrieg kann der Tod von „unschuldigen Zivilisten" nicht vermieden werden. Das gilt für vergangene Kriege: Es wurden auch viele Zivilisten getötet, die keine Nazis waren, und für Religionskriege im Nahen Osten.

Die #AfD will die Ausreisepflicht strenger durchsetzen und die Hartz-IV-Regeln verschärfen - oder verwechsele ich das mit der Bundesregierung?

#Blockfloete Merkels verstörende Zusammenordnung von Bibellektüre, Islamisierung. Empfehlung der Blockflöte für Frieden in den Hütten lässt auch an ihrem polit-philosophischen Verstand zweifeln

#rotrotgrün #AfD „Eliten" und böse Zwerge. Wenn widersprüchliche Kommentare wahr wären, dann wäre die ganze Bundesrepublik auf den Barrikaden.

#Merkel über Probleme mit #Putin:"Es ist ein dickes Brett, das zu bohren ist". Putin über Merkel:"Es ist ein dickes Brett, das zu bohren ist".

#illner Bomben-Friedens-Idee. Putins und Assads Armeen greifen Mossul an. Ost-Aleppo wird von USA, Peschmerga und Irakis ohne Bomben befreit.

Ich vermisse in den Berichten über die muslimische Messerstecherin #Safia einen Hinweis, dass sie psychiatrisch untersucht wurde.

#DieGrünen sind Politclowns mit antipatriotischem und allgemeinem Schwachsinn, zuletzt Göring-Eckardt mit Kritik zum Selbstmord in Leipzig, nur noch Spalter der Nation.

Twitter-Sammlung 47

30.10.2016

#Islam Bekenntnis: Ich bin ein stolzer Islamfeind. Daher bin ich nach Logik von Philanthropen unter linken Wissenschaftlern ein „gruppenbezogener Menschenfeind".

#Islamophobie oder feige Dummheit? https://cevenole.blogger.de/stories/2612684/ ... Was würde Jesus dazu sagen?

Laschet - Ein weiterer CDU-Mutand ?

Mit Otto Walkes oder Günther Jauch würde Merkel siegen einen Kandidaten für den Bundespräsidenten durchbringen.

#DieLinke Die DDR lebt! Nach Gefühl von @katjakipping ist D total verkorkst: mit neuem Bundespräsidenten sollte endlich soziale Gerechtigkeit und gesellschaftlicher Aufbruch in einem zerrissenen Land kommen.

#Fluechtlingen Ein weiterer CDU-Mutand in der Flüchtlingspolitik:@ArminLaschet ! Hat er „immer schon gesagt": Begrenzung und Grenzen sichern!

Dolleranz!: Als 25jährige Fluchtbeginn, als 15jährige am Ziel. Urlaub in „Hölle" wird finanziert. 21 Millionen Arbeitslose in Europa, aber Freude über Unqualifizierte.

#Migranten Ein „Vielvölkerstaat" birgt das Risiko in sich, dass unterschiedliche Interessen nicht gewaltlos-demokratisch durchgesetzt werden.

#AfD Welche Reaktionen erwartet man, wenn verteufelte Forderungen der AfD Regierungshandeln werden?

#merkel Es ist keine nationalistische Verkürzung der Menschlichkeit, wenn man überzeugt ist, nicht allen Beladenen helfen zu können.

#Ceta Es ist ein Witz, wenn Wallonien den CETA-Vertrag, wofür jahrelang verhandelt wurde, binnen Stunden verbessern könnte.

#CETA Europa macht sich lächerlich, weil Identität zwischen Bundesstaat und Staatenbund schwankt https://cevenole.blogger.de/stories/2612249/ ...

Twitter-Sammlung 49

06.11.2016

#Maas Wer´s nicht klar sagen kann, soll weiter studieren (Popper sinngemäß),und zwar Maas bei Hans-Jürgen Papier, Ex-Verfassungsrichter.

#Schulen https://cevenole.blogger.de/stories/2614016/ ... Bayern vorn, weil es nicht zulässt, dass „ein schreib, wie ein sprich" und nicht an Reformitis leidet.

#GöringEckardt Jetzt weiß ich, warum Göring-Eckardt nur zwei Semester an der Universität bleiben konnte.

@realDonaldTrump Trump ist der Nero der Neuzeit https://cevenole.blogger.de/stories/2614005/ ... „white trash" in USA und „right trash" in Deutschland.

Hans-Jürgen Papier kann nicht Bundespräsident werden, weil er für Pappnasen in Politik zu klug ist.

#Lügenpresse Es ist viel schlauer, die Wahrheit zu verschweigen als zu lügen

#Merkel 71% der Grünenwähler sind mit dem Chamäleon Merkel zufrieden (ARD),darunter Kretschmann. Das wirft (k)ein Licht auf die Grünen und die CDU.

#mainstreammedia Das Selbstbewusstsein, großen Quatsch zu äußern wie Rotrotgrün, wünscht man Angsthasen, die gegen den Mainstream Richtiges nicht zu sagen wagen.

#maut So geht das doch nicht! Dobrindt und CSU gewinnt(!)im Mautstreit. Es genügt doch, wenn Bayern München im Fußball dauernd gewinnt. Ich möchte als Deutscher nicht (!) steuerlich entlastet werden, weil es gegenüber Ausländern ungerecht ist. Ist das kaschierter Anti-Bavarismus oder altruistische Idiotie?

#Merkel #Flüchtlinge Es ist doch ein Lacher, dass der Spaltpilz Merkel weiterhin als Sonnengöttin der Politik gilt. https://cevenole.blogger.de/stories/2613684/ ...

#AfD Umfragen beweisen **nicht**, dass es einen mengenmäßigen Unterschied gibt zwischen politischem und friedlichem Islam, der auf Scharia verzichtet

#Mossul Überraschung! Deutsche Medien berichten nach langem (Ver)schweigen, dass der IS in Mossul Zivilisten als Schutzschilde missbraucht. Das macht er doch wohl nicht in Aleppo!

#Islam #Allah Machiavelli: Es ist wirkungsvoller unter Verbreitung von Furcht zu regieren, wie der Gott des Alten Testamentes und Allah. Oderint, dum metuant (Mögen sie mich hassen, solange sie mich fürchten).

#Merkel Verspätete Gesetze provozierten eine „populistische" Opposition gegen die Einheitsfront https://cevenole.blogger.de/stories/2613479/ ...

#Aleppo Welche politischen Ziele haben die „Rebellen"? Sind das „lupenreine Demokraten"? Ist die Zivilbevölkerung mit deren Regime einverstanden?

Twitter-Sammlung 50

12.11.2016

#Bataclan Alle bisherigen Terroristen auf der Welt hatten eine ideologische Basis. Nur die gegenwärtigen islamistischen Massenmörder töten aus Jux und Tollerei, einfach mal so.

#Bundeskanzlerin Für Merkel gilt die „broken-windows-Theorie". Sie wird immer weiter demoliert.

#Nato #Trump Mehr Geld für Nato ist in Deutschland möglich, militärische Einsätze aber - wie von den USA teils unter deutschem Beifall durchgeführt- unmöglich bei pazifistischer Bevölkerung. Es gäbe riesige Demos wie bei der Nachrüstung.

#Nazi Definition für Nazi, so wie er im 3.Reich seine Verbrechen beging, trifft nicht auf rechte Konservative zu, die Grenzen der Toleranz und der Liberalität sehen, aber keine Verbrechen begehen. Deshalb sollte man mit dem Begriff sparsamer umgehen.

#Aleppo #Mossul Welchen Sinn macht es, in Syrien und im Irak islamistische Rebellen, die eine gruselige Theokratie errichten wollen, zu verschonen?

#Trump #AfD Arme und Doofe, die auf einfache Antworten reinfallen, lösen sich von „Eliten", die hochkomplexe Probleme schaffen.

#illner Genies mit Stil und bester Wortwahl wie europäische Politiker oder geistige Proleten wie Donald - wer ist Garant für Frieden und Wohlstand? Wer hat Lösungen?

#Trump löst Denkschablonen ab. Einsichten ändern sich:"Nur Arme und Doofe wählen Populisten" wird zweifelhaft und „Einfache Antworten" der Populisten verdrängen neblige Komplexität. Geänderte Gesetze berücksichtigen „einfache Antworten"

#illner Nach Trumps Sieg werden die Beurteilungen seiner Wähler und auch der AfD realistischer. Bei Niederlage wäre er von den Medien zerhäckselt worden. Die „Eliten" drehen Pirouetten (z.B. Fratzscher).

#Populismus Großdemiurgen stehlen dem Volk die Heimat. Wärmt „Verfassungspatriotismus" das Gemüt und andere Lebensinhalte?

#Trump Wird Europa nun gegen Trump und das Weltgeschehen mit seiner mächtigen Softpower kämpfen?

#Trump2016 Erst schießen, dann fragen. Deutsche sind tödlich getroffen, genauso wie ihnen zur Zeit der Nachrüstung bereits Raketen um die Ohren flogen. Gibt es in den USA Millionen von Idioten?

#postfaktisch Gibt es von Links bis CSU nur „Fakten" https://cevenole.blogger.de/stories/2614514/ ... oder bleibt Kants „Ding an sich" weiterhin verborgen?

Twitter-Sammlung 51

14.11.2016

#Islamisierung gibt es nicht, wohl aber Radikalisierung zum „rechten" Islam https://cevenole.blogger.de/stories/2614460/ ... kein Schweinefleisch, aber Kopfsalat

#annewill Vorwürfe nicht berechtigt. Will hat einen schwarzen Sack (Burkaträgerin) vorgeführt, aus dem Unsinn der Klappsmühle tönte, der vor Radikalisierung schützte sollte. Ich habe mich von Grünen getrennt wegen zeitgemäßen Schwachsinns.

Die #Grünen möchten sich gerne von einem „unzeitgemäßen Ritual" trennen: dem #Weihnachtsbaum! Zeit für die #AfD!

Dieter_Rakete hat Augstein retweetet. Quo vadis, domine? - Romam, ut iterum excruciar. Bedford-Strohm und Kardinal Marx nahmen ihr Brustkreuz ab.

Als wäre ausgerechnet der Tempelberg der Ort, religiöses Selbstbewusstsein zu zeigen. Zum Glück sind die Christen ein bisschen weiter.

#Merkel Merkel ist eine politische Flachdenkerin, die noch nie einen tiefergehenden gesellschaftspolitischen oder -philosophischen Gedanken geäußert hat.

#annewill Muss ich Respekt haben für Religionen mit Witwen-oder Hexenverbrennungen, Steinigungen, Kopf- und Handabhacken, mit Schwarzsackfrauen?

Political Correctness: Kannibalen sind krank. Müssen vegan umgepolt werden.

#annewilltalk „Wo" und „wie" verdient dieses schwarze Wesen (Muslima in Burka) ihren Lebensunterhalt?

Der Irrsinn der Nebelkrähe sollte und müsste Jugendliche von Radikalisierung abschrecken. @AhmadMansour war machtvoller Gegner.

Islamismus-Diskussion: „Anne Will" verkommt zur Propaganda-Sendung für den IS. Diese Meinung ist Quatsch.

#CSU Ich bin dafür, Roth und Göring-Eckardt das Grundsatzprogramm der CSU interpretieren zu lassen. So würde klar, welche Geister Deutschland manipulieren.

Ahmad Mansour spricht mit einem zugeklappten Sonnenschirm.

Twitter-Sammlung 52

14.11.2016

#Trump Gehirn- und Villeneinrichtung gleichen einer Geisterbahn https://cevenole.blogger.de/stories/2615449/ ... Ein blindes Huhn -vom Bauern geleitet- findet auch mal Körner

#Islamisierung #Mansour Merkel ist eine dezisionistische Flachdenkerin.

#Bundespräsident 2 Vorschläge: H.-J. Papier, Staatsrechtwissenschaftler, ehemals Präsident des Bundesverfassungsgerichts und Richard Schröder, Philosoph, evangelischer Theologe, SPD. Beide zu klug?

#Trump #EU Europa an USA: Ihr schwächt die Nato, wenn ihr weniger Geld für Militär zahlt. Wir können´s nicht wegen kostenintensiver Sozialstaaten.

#Trump #Merkel Zu Einfachheit und Komplexität: Ich hatte mal eine Kollegin. Die machte in kürzester Zeit aus einer netten 5.Klasse einen Sauhaufen.

#AfD Einfache Lösungen: Gordischer Knoten und Ei des Columbus. Komplexität kann auch sehr gut von einfachen Geistern erzeugt werden. https://cevenole.blogger.de/stories/2615278/ ...

#AfD „Einfache Antworten" haben den Vorteil, zu schnellen Lösungen zu führen, vermeintliche Komplexität bisweilen zu gar nichts(vgl. Harald Kujat zu Russlands Einsatz in Syrien)

#Trump #Merkel Trump schriebe Weltgeschichte, wenn er Merkel beim ersten Besuch „in den Schritt greifen" würde.

#Aleppo #Mossul Welchen Sinn macht es, in Syrien und im Irak islamistische Rebellen, die eine Theokratie errichten wollen, zu verschonen?

Twitter-Sammlung 53

17.11.2016

#AfD Rätsel: 2 Gruppen freuen sich über gute Wahlergebnisse. „Die Meute johlt" und „Die Gäste freuen sich". Wo geht´s um die AfD?

#Oezuguz Deutsche Politiker drehen sich momentan so schnell, dass zu befürchten ist, dass sie wieder an dem Punkt landen, wo das Chaos begann

#Oezoguz #Islam Islamisten sind nach Meinung des islamophilen Mainstreams hermeneutische Versager ohne Religion.

#tuerkei Tragisch: Außenpolitik ist gut, wenn sie Irre nicht reizt.

#tuerkei Cavasoglu erklärt, dass das „Volk und seine Frau" die Todesstrafe wollten - und auch Freibier und Circenses. Armer Steinmeier!

#Trump Alle sind irgendwie anders. 1932 wählten die Deutschen Hitler und die NSDAP mit 32,3%. Steinewerfer wird Außenminister.

#Populismus Bizarr: Ein nicht akzeptiertes „Zuviel" an Nächsten-und Fernstenliebe der westlichen Welt provoziert eine nicht immer angenehme Opposition.

#Trump Nach verbreiteter deutscher Sprachregelung will Trump Kriminelle und Illegale „deportieren", also werden bei uns Verbrecher ins Gefängnis „deportiert".

#Aleppo Nördlich von Aleppo bekämpfen sich Rebellengruppen: die syrische Befreiungsfront, die frontalen Befreier Syriens und Freie Front-Syrer. das ist aber sehr verworren.

#hartaberfair Der „politische Gegner" wird heute „Populist" genannt. Dadurch werden- Hokus-Pokus -alle Bürger zu „Populisten".

#hartaberfair Trotz verschwiemelter „mea culpa" von Pleitgen gärt noch etwas in ihm: Trump wolle „deportieren"(sic), nicht „ausweisen".

#hartaberfair Plasberg lebe hoch mit der Frage an Oppermann und Pleitgen, ob beide nicht auch an der Stigmatisierung Andersdenkender beteiligt waren.

#Pazifismus #Merkel Verrohung nimmt zu. Angriffe auf Lehrer, Polizisten und Feuerwehrleute. Wer sind die Täter? Ich hab da ein Vorurteil.

#Trump Ist es wahr, dass in Utah, Nebraska und Oregon 60.500 Amerikaner gegen Merkel und die EU protestiert haben?

Twitter-Sammlung 54

21.11.2016

#annewill Die Pythia (Merkel) hat ein Orakel gemurmelt. Und dann kommen die Interpreten und interpretieren nach individuellem Verständnis, z.B. Maaz vs. Kramp-Karrenbauer.

#AnneWill Merkel will Deutschland, Europa und der Welt „etwas geben". Nur deshalb will sie noch einmal Bundeskanzlerin werden. Die lügt!

Ich fühle mich nicht abgehängt! Aber ich ärgere mich über 2 Fehlentscheidungen von Merkel: Windspargel und vor allem ihre Flüchtlingspolitik.

@AnneWillTalk Anne Will soll Merkel mal fragen, welches CDU-Mitglied sie sich auch als Bundeskanzler(in) vorstellen könnte.

#Bundeskanzler Seehofer wäre ein guter Bundeskanzlerkandidat, wenn die Deutschen nicht auf Pazifismus, Hypermoral und Anti-"Populismus" getrimmt wären.

#Luegenpresse Noch nie so viele kritische Kommentare von Journalisten über Journalisten und Politikwissenschaftler über Politikwissenschaftler gehört. Da tut sich was.

#Bundeskanzlerin Merkel zu drängen, nochmals zu kandidieren, obwohl man ihre Politik ablehnt, aber weiß, dass das Volk sie schätzt, ist Populismus.

#Populismus A priori nicht sicher, dass Linksliberale bessere Politik machen als Rechtsliberale

Ich bin zu alt, um auszuwandern, falls Schulz Kanzler wird. Mein Lebensabend wäre hier aber voller Leiden.

#Flüchtlinge Wir sollten unsere Armen-und Flüchtlingshilfe diversifizieren: Nicht nur reichlich denen geben, die es nach Deutschland geschafft haben.

#maybritillner Linksliberale Nächsten-und Fernstenliebe, besonders für alle Minderheiten, verwischt alle Grenzen. Privatheit der Tradition rebelliert.

#ihremeinung Alle Politiker argumentieren „sachlich", keiner „unsachlich", auch Populisten nicht. Unterschied: nicht alle argumentieren richtig.

#Migranten Moral von der anderen Seite: Es ist unmoralisch, nur die Besten der armen Länder nach Europa zu locken.

Twitter-Sammlung 55

22.11.2016

#Maischberger In Bahrain ging der musulman (fr) in Badehose ins Wasser, seine Muslima, wahrscheinlich eine Frau, saß als schwarzer Haufen am Strand.

#Maischberger Tief empfundene Religiosität findet „im" Kopf statt und nicht „außerhalb" durch irgendwelchen textilen Fummel.

#Maischberger Meinungsumfragen zeigen, dass auch „integrierte" Muslime im Konfliktfall eher dem Koran als dem Grundgesetz gehorchen werden.

#ihremeinung Alle Politiker argumentieren „sachlich", keiner „unsachlich", auch Populisten nicht. Unterschied: nicht alle argumentieren richtig

#annewill Mediensong: Herbei, o ihr Gläubigen-fröhlich triumphierend-sehet das „Mädel", uns zum Heil/Keil geboren-o lasset uns anbeten die Königin.

#Populismus Prozente für „Populisten" in Deutschland von allen EU-Staaten am niedrigsten. Grund nicht Klugheit, sondern Angst vor Meinungsterror.

#Hartaberfair Zahlreich sind soziologische Forschungen. Ist schon erforscht, wer die Menschen sind, die Polizei, Feuerwehr und Retter angreifen. Ich habe da ein Vorurteil.

#CDU #AfD „Nazis" auch in der CDU? Im Leitantrag steht: Erfolg für Schließung der Balkanroute. Gebiete in Nordafrika für Flüchtlinge ausweisen, Verbot von Vollverschleierung. Und eine Leitkultur gibt es nun wieder bei der CDU.

Twitter-Sammlung 56

25.11.2016

#Merkel Nach einer weiteren Eloge möchte ich auch einmal lesen, welche Grundüberzeugungen Merkel lei(te)ten, von Schulzeit bis jetzt.

#AfD #CDU #SPD Entscheidungsschlacht zwischen Links-u Rechtsliberal https://cevenole.blogger.de/stories/2616870/ ... Natürlicher Egoismus und utilitaristische Ethik gewinnen immer mehr Anhänger.

#Maischberger Sendungen über die Armenrepublik Deutschland täte es gut, wenn 3 bis 7 leibhaftige Arme ihre Lebenssituation schilderten. Sind sie (nur) relativ arm?

#Trump Wenn Demokratie richtig definiert ist, dass darin jeder Dummkopf seine Meinung sagen kann, dann ist sie auch durch Trump ungefährdet.

#Multikulti #AfD Politischer Islam beschmutzt friedlichen „Multikulturalismus". https://cevenole.blogger.de/stories/2617056/ ... Fundamentalistischer Islam zu Merkel gehört auch zu Merkel.

#martinschulz Bei Personalfragen stehen Politiker dauernd „unter Druck". Wichtigere Inhalte rücken in den Hintergrund. Steinewerfer und trockene Schnapsdrossel werden Außenminister.

#Merkel In Angela Dorothea Merkel steckt PippiLangstrumpf! https://cevenole.blogger.de/stories/2617097/l ... P.L. macht was ihr gefällt, wie A.D. macht was ihr gefällt.

#Populisten Politiker etablierter Parteien sind keine „beschränkten Idioten". Wohl aber diejenigen, die nicht ihrer Meinung sind: Populisten und Pöbel.

#Trump Trumps Ziel, einigen Muslimen die Einreise zu erschweren oder zu verweigern, ist nach 9/11 verständlich. Dazu Orban: Gute Idee mit Kontrolle!

#Putin Der Westen will im Gegensatz zu Putin mit seiner Propaganda nur die „gute Meinung" und die Wahrheit verbreiten.

Twitter-Sammlung 57

29.11.2016

#Islam Wenn Islam friedliche Religion wäre, warum fliehen dann so viele Muslime vor ihm. Immunisierung des Widerspruchs: vor dem „falschen" Islam!

#Lügenpresse #Afd Die Presse, die Presse, die hat immer Recht. Also: ich meine natürlich nur meine Presse! https://cevenole.blogger.de/stories/2617325/ ...

#Castro „Die Geschichte wird mich freisprechen". Aber die Toten klagen Dich an! Dies irae: Einen Massenmörder wird´s im Paradies nicht geben.

#Castro Die gegensätzlichen Meinungen zum Tode von Castro können Optimismus und Hoffnung auf eine Welt ohne Krieg und Blut zerstören.

#Trump ist nicht der Messias einer vergessenen westlichen Welt. Präsentierte sich als grotesker Wahlclown, der alle zivilisierten Linien unterschritt. Bei Wahlverlust wäre er mit Recht zerschreddert worden.

#Trump #Castro #Göring-Eck Der Mensch unterscheidet sich vom Tier auch dadurch, dass er jeden Quatsch mit scheinbar guten Argumenten begründen kann.

#EU Es ist ein Trauerspiel, dass harmonischer Multikulturalismus zerstört wird durch aggressiven Islam und die „Diktatur des Relativismus".

#EU Ich bin leidenschaftlicher Europäer, aber in mir schlummert auch ein „Orban" und ein gemäßigter Sympathisant der AfD https://cevenole.blogger.de/stories/2617443/ ...

#Flüchtlinge Hilfe für Testosteron schwangere 20-30 jährige Flüchtlinge: Freikarten für Bordelle! Helfer-**innen** können diesen humanen Ansatz nicht erkennen.

#Merkel gebühre großer Respekt, weil sie in der Migrationsproblematik nach Fehlern ihre Strategie gewechselt habe. Daher: größerer Respekt für die AfD, die diese Fehler nicht machte

#Aleppo #Mossul Inhumane Logik: Mossul und Ost-Aleppo nicht angreifen! Denn aus Angriff folge Tod oder Flucht. Also: Man soll die Menschen lieber dem IS überlassen.

#Islam Musliminnen sollten sich schämen zu glauben, dass Allah ihre unterschiedlichen Stoff-Vermummungen für notwendig hält.

#hartaberfair Özdemirs Ausführung zur Rekrutierung von Islamisten ist postfaktisch und seine Analyse zu Syrien weniger als populistisch.

#fillon wolle Frankreich wirtschaftlich modernisieren. Gesellschaftlich setze er auf Werte der provinziellen „France profonde" -wie die AfD im sozialdemokratischen Deutschland. Wat nu?

#mexicowall Es ist ein großer Unterschied, ob Mauern Schutz bieten sollen - welchen auch immer - oder einkerkern, wie es der „bessere deutsche Staat" (Urteil einiger „Intellektueller") tat.

Herstellung und Verlag:
BoD - Books on Demand, Norderstedt
ISBN 978-3-7431-9358-1